現代イスラームの徒然草《つれづれぐさ》

المختارات من المقالات : فيض الخاطر

بقلم أحمد أمين والترجمة والشرح لأمين ميزوتاني

アフマド・アミーン　原著
水谷周　編訳

国書刊行会

はじめに

本を読んで人生観まで影響を受けることは、誰しもそれほど多くあることではない。しかし訳者は子供の頃、父親に言われて「徒然草」を読むこととなり、確かにものの見方に変化があったことを鮮明に覚えている。そして大学も出てしばらくしてから、今度は自分の選択でアラビア語を学習して、アフマド・アミーンの『溢れる随想（ファイド・アルハーティル）』を読むこととなり、やはり相当な変化が自分に生じたと思った。こういう背景があり、このたび同書の日本語訳を思い立った。それは日本の読者にも、新たに種々道標となるものを提供しうると考えたのである。

他方本書の対をなすものとして、『黄金期イスラームの徒然草』をすでに訳者は上梓している。それは一二世紀の随筆集である『随想の渉猟（サイド・アルハーティル）』から選択して訳したものである。アラビア語で書名が語呂合わせのようになっているのは、偶然ではないだろう。アミーンはこの著名な中世の随筆集を念頭において執筆したのだ。このような事情も、姉妹編としてアミーンの作品を『現代イスラームの徒然草』として訳出しようと思い立った背景であった。ちなみに両『徒然草』には多くの共通点があり、八世紀をまたぐイスラーム世界の通時的な理解へと誘っているのである。

アフマド・アミーン（一八八六―一九五四）は、イスラームが唯我独尊《ゆいがどくそん》で誕生したのではなく、七世紀当時、アラビア半島の諸宗教の影響下にあったことを明らかにした評判の歴史家であった。同時に広く文学、イスラーム諸学に通じた碩学として知られた学者であり評論家であった。本の形で出された出版物は五〇冊を超えるが、短編の随筆や論考はほぼ七〇〇本に上る。それらの大半をまとめたのが『溢れる随想（ファイドゥ・アルハーティル）』全一〇巻である。

本書はこの膨大な随筆・論考集の中から、人生、イスラーム、そして文明という分野の作品を中心として扱っている。これによって、さまざまな人生の知恵や信仰の極致を見るとともに、西欧列強の圧倒的な搾取から何とかして抜け出ようとする人たちの叫び声を聞くこととなる。またそれらは時間と距離を超えての、一知識人の心のメッセージにもなっている。なお著者の言葉で縦横に論じられているので、各節についての解説は【註】で必要最小限に留めた。また細かな脚注を多くするより、通読のために本文中に、（　）で用語の説明などを入れた。小見出しは、訳者が付けたものである。

目次

第二章　宗教論……65

第一章　人生論

人生論はイスラーム社会では、伝統的にはあまり活発な分野ではなかった。それはイスラームの教義によって、人生の多くが語りつくされ、潤沢に教えられるからである。ただアミーンは執筆活動の当初より、人生はいかにあるべきかという問題にイスラームを離れても大きな関心を払っていた。

それは次のようにまとめられる。

人間は「なぜ」という因果関係を課題としても、「何か」という物事の本質やその目的までは探ることはできない。だから人生の方法は論じても、何のために生きるのか、という根本的な質問に立ち向かえるものではない。人には精神、肉体、そして理性があるが、それらの基本は心（意図）である。そして心の嗜好《しこう》のレベルを向上させることが生きる目標であり、最後は自然にも見られる絶対美に直観力で到達し感動し、それに従順であるという安寧《あんねい》の心境が人の幸福である。その間、能力や愛想の良さよりは、人としての道徳性が最もその人を成功に導くものである。

一、知ることと知らないこと

よく知らない人が知っているといい、よく知っている人が一番知らないと言う。無知な人や、あるいは逆に識者でもその多くは、何でも簡単明瞭で、理解や解釈もできるとする。しかしこの存在について、何が分かっているのだろう。その外側しか、われわれは知らないのではないか。その真実や深みについては、ほとんど知らないのだ。いつこの戸惑いが終わるかを知っているのも、神（アッラー）だけなのだ。

本質無知

知識は更新され続ける。そして毎日のように、新たな知識を提供する法則を得るが、それでは物事の外側を触れるだけで、深みには立ち入ることはない。この世の真実と中核については、それほどの前進は見られない。物事を定義し、そのための規則も定められると主張する人がいるが、そういう人たちは無知である。本当は何も定義できないでいる。

例えばそういう人たちが、人間は話す動物で、馬はいななく動物だと定義するとしよう。それで両者を定義したとして安穏《あんのん》とするかもしれない。しかしそれでは定義してもしなくても同じことになってしまうだろう。どの分野の学者もそういった定義を試みるが、常に異論が衝突して、何も事の本質には到達しない。そこでかれらはそういった疑念の生じない別の用語を持ち出すかもしれないし、あるいは「定義」の定義を変更して、それは事の本質ではないが、それの主要な属性であると言い出すのだ。

誰も電気とは何かに答えられない。一番よく知っているとされる人たちや科学者でも難しい。知っているのは、その使用法や多少の法則や、その法則によって照明、暖房、冷房、あるいは電話、電報、ラジオなど日常生活にどう活用するかといったことだけである。電気の本質は何かについては、学者も答えられない。世界は多数の要素や力で満ちているが、われわれはそれらの特性や長所は知ってはいるかも知れない。しかし原子、分子、あるいは細胞とは何か？　この質問には、属性に言及しても、本質に触れる回答はない。完全にわれわれは、本質無知なのである。

われわれに一番近く、最も触れることが多いものでも、われわれは感じてもそれを知ることはできない。例えば人生以上に近いものはないだろうが、その人生とは何なのか？　われわれは知らない。科学者が言うとしても、自作自演以外はない（結局言えることといえば、次のクルアーンの言葉しかない)。「本当にあなた方がアッラーを差し置いて祈るものたちは、たとえかれらが束になっても、一匹のハエも創れません。またそのハエが、かれらから何かを奪い去っても、それを取り戻すこともできません。求める者(人びと)も、求められる者(偶像)も、全く力がないのです。」(二二:七三)

さらに(抽象的な)意味の世界に移ると、事態はもっと困難だ。例えば、愛着とは何か?それをわれわれは誰でも感じる。それは美味だが、離れると苦痛で、われわれを小さく縮める。しかしそれが何かは、われわれは知らないのだ。あるいは、自由とは何か、あるいは美、希望、正義、勇気、善および悪もそうだ。その意味合いは知っていても、本質は分からないままである。

本質の解明に科学者は大きくは前進していない。大半のものは、その属性に関するものであった。換言すれば、純粋の知的側面ではなく、その技術的な側面に関するものであった。だからわれわれは蒸気の使用法は知っていても、本質は知らない。生活の技術は知っていても、それ自体は知らない。愛着もそうだし、自由も政治的社会的な活用法しか知らない。生活のすべてがそうで、技術が勝って、知識が負けている。技術者が希望を持ち、科学者は嫌気がさしている。さらに言えば、人間は「いかに」という問いには回答できても、「何か」についてはほとんど前進していないのである。

＊＊＊＊＊＊

謎に満ちた世界

そこで次の質問が出てくる。「人間はどうしてこの世に存在するのか?」それは解くことができない謎に包まれている。人は物質の外側を知っても、その核心を知ろうとすると、当惑するのみである。物質の裏側の神的な部分に関しては、ますます当惑することとなる。そこで次のように言う人がいる。「アラビア語のアッラーという言葉の語源は、その人を止める者(マン・アラフ)はその人を止める(ヤアルフ)であるとする。つまり、当惑してその偉大さに、頭脳たちはその人を止める(タアルフ)からだとする。」(マン・アラフ・ヤアルフが詰まってアッラーになったということ。ここは語呂合わせであり、アラビア語でないとすっきり理解するのは難しい。)

この世界の不明なところが、強力な知性には大きな味わいとなる。だから学者の生活は、こういった不明なものや謎がなければ、取るに足らないものであろう。学者の謎の世界に対する立場は、将棋の名人のようなものである。一番良いのは一番難しいものである。高等な数学者は、簡単な問題や単純な理論に興味は示さないが、最も困難で複雑なそれに楽しみを覚えるのだ。そうするとその人は自分を忘れて、周りの全ても忘れて、その困難解消の楽しみに代わるような他の楽しみはないほどであるということになる。

世界は解かれることが待たれている謎に満ちている。それは無声映画のようで、画像すべてが理解されるわけではない。人類と世界の創造以来、さまざまな偉大な人たちが現れた。啓示を教える預言者だとか、自然美を称える詩人であるとか、研究し分析し結論付ける学者であるとか、可能と不可能の全ての諸側面を深めては交代させて研究する哲学者であるとか、存在の本質を知ることができない論理や知識の失敗を認識して、嗜好と直観による霊知《れいち》を主張する神秘主義者であるとか、かれら全員が人間に正しい知識と疑問も湧かない諸課題を明示した。しかし存在の本質は知ることがなく、われわれはその解明を待っている。実にいくつかの物語の場面は解説しても、その本質と含蓄《がんちく》と秘められたところは、まだわれわれにとって不明なままなのである。

世界の論理性

このような曖昧さや当惑にもかかわらず、われわれは問い続けねばならない。この世はその成り立ちや活動において、果たして論理的な基礎の上にできているのかということである。それともそれは気まぐれなもので、目標はなく、時によって右や左に行って、法則性はないのだろうか。映画の場面は、何か意味合いを示し、すべてではないにしても論理的に整理された理解を示す出来事を映すものなのであろうか。それとも各部分は連結されないままで、初めに理解していたものと合致しないものの集合体なのであろうか？　それとも世界は、知恵を学ぶ学校や子供の遊び部屋のようなものなのか？　あるいは火遊びやマジックやアクロバットの舞台なのか？　それとも世界は、外面的には正しく合理的であっても、解けない理論に基づく複雑な技術的問題なのか？　あるいはそれは、正しくない基礎に依拠し、整序《せいじょ》だった論理に基づかないものなのか？　そしてそれは、あちらこちらで発明されたもので、その設定者の意図からして、それを解こうとする者の戸惑いを狙い、結局のところ回答はないというものであろうか？

実際のところ、これらの質問への回答にわれわれの知的な前進と理性的な方向性がかかっているのだ。生活の外面すべてが法則性のない突然の出来事や相異点であるならば、知的研究は無意味な事柄になってしまう。あるいはせいぜい起こったことなどを記録するだけのものになってしまう。逆に生活の外面すべてが、初めから終わりまで知恵ある諸法規に則るものであるならば、知的研究は可能であり合理的であり、生活は知恵への学校となるだろう。

幸いあらゆる証拠の示すところは、世界は論理に従っているのである。そしてある目的に向かっており、それはでたらめではなく、不動の断固とした法則によって支配されているのだ。その外見すべては端緒と結末、あるいは原因と結果の法則に従っているのだ。だから火が触れれば燃えるし、体温は体全体に及んでいるし、愛情はいつも幸福に随伴しているし、嫌悪はいつも苦難を伴うこととなる。

これらの諸法則は明瞭であり、少々見るだけで十分理解される。他方、それらは複雑で曖《あい》昧《まい》模《も》糊《こ》としている。時にはあまりに不明瞭で、説明が難しくもなる。そしてそこには、曖昧さのさまざまな段階がある。当初の人間とその知識に比較して、今の人間とその知識の間には明白な違いがある。知識でも当初のよりは正しくなったし、世界に関して未知なものが多いにしても、それでも確固たる諸法則に則っていることは知られたし、それは部分的かもしれないが、その一部が知られたという状況である。知られていないにしても、それらの示唆し指さすところは、いつの日か知られるだろうということである。そしてその一部しか知りえないというのは、いまだに人間が超えることができない障害があるということである。

人の理性では現在のところ、集中してもこの障害を乗り越えるだけの武器を入手できないのだ。ただいくつかのケースでは可能になるので、学者たちの知的な闘争の生活は最も味わい深く、しかも私の見るところでは、かれらの人生から研究の苦難を除くとすると、それは幸せなものではなくなるだろう。苦労をして少数の学者が得るものは、苦労なしで多くの人が得るものよりも一段良いのである。学者や哲学者が困惑して迷っているのは、見ていても悪くないものである。かれらは右へ行っては失敗し、左へ行っても失敗する。視覚を奪われたら、もう一度研究を始める。それは疲れを知らないものだ。そして少しを解明しては、大いに喜ぶ。そして世界の美味しいものも幸福も一切は、（獲得した）知識の方が大きいと見えて来るのだ。もし生活全体の快楽と研究の苦労や苦痛を選ぶならば、研究や学習以上のものはないのである。

人によっては、この方程式は破られるものだと言う。世界は謎だらけに作られている、他方、人の理性ではこの謎解きはできない。そこで結果としては、二つに一つである。つまり世界はもっと簡略に作られるか、人の理性がもっと大きくなるかである。世界はこの曖昧さを残し、あるいは理性がこのような欠陥を保持したままであるとすれば、それでは全く辻褄《つじつま》が合わないのだ。

しかし私の見るところは違っている。自然界と人間の理性が組み合わないならば、（辻褄が合わないという）この見解もまだ当たっている。しかし双方が組み合うのであれば、理性は世界に触れて謎解きもして、既知の垣根を広げて、未知の障害を軽減するので、この見解は当たっていないこととなる。そして難しいが論理的な問題を技術者（自然界）が設定して、それを解こうとして学生（人間）たちが汗するときに、学生たちができないというだけで非難するのでなければ、技術者たちも批判されることはない。つまりテストのためだけに設定したものに対して、学生ができないことを責めないのに、技術者だけが譴責《けんせき》されることはないのだ。

この私の異見のように、世界は人間の理性が謎解きをするために創造されたということであれば、そこにはなにがしかの名誉心が蠢《うごめ》いていることになる。なぜならば、その場合には、世界は不必要に複雑である（だから理解しにくい）か、または人の理性には不必要に欠陥がある（同上で、だから理解しにくい）ということになるからだ（だから人間の理性で分からせてみせるという名誉心が働いている）。

最後の謎解きは絶対主の知恵明かし

他方で、こう言うこと（捉え方）もあり得るだろう。つまり、世界は人間が謎解きをするが、別の目的のために創造されたとするのである。換言すれば、理性を含む世界の創造（の目的）は、その背後にある（絶対主が有する）知恵を（顕示する）ために創造されたとするのである。そうすると異見を唱えること自体が、馬鹿げたことということになる（人の理性は創造の在り方を議論するものではない）のである。

総じて人がもしもこの曖昧さに味を覚え、謎解きの試みをして、時に成功し時に失敗しているならば、この曖昧な雰囲気の中で、強くて明白な味わいを享受することは悪くないのである。

【註】本質はわからないままの人生ではあるが、その曖昧さを味わいつつ前進する姿勢を説いている。しかしアミーンの本音は、絶対主を信じることで、存在の意義も含めてすべての曖昧さや謎は解けると考えているのである。むしろその謎解きはアッラーの知恵を解明することであるので、人への試練としてその謎をアッラーは創造されたのだ。しかし本節は、そのような宗教論にいきなり飛びつかないで、徐々にその入り口に誘うための、序章のような位置付けである。『溢れる随想』第一巻二〇七―二一二頁。アルヒラール誌、一九三五年六月。

二、存在について

自然は何と、美しく、偉大で、知恵に溢れ、豊かなことか。

一つの種子から七つの穂が育ち、それぞれの穂に一〇〇の種子ができる。

「また家畜の中にも、あなた方への教訓があります。われらはそれらの腹の中の消化物（栄養素）と血液の間から、あなた方に飲料（ミルク）を与えます。ミルクは飲む人たちにとって、清潔でおいしいのです。」（クルアーン一六：六六）

この大地に雨が降り、山や谷や森には種々の花と素晴らしい色合いが出てくる。それは目を奪うばかりで、心は惹きつけられる。海の真珠は同じ色で、同じ曲線で彫刻された二つの調和の取れた部分（貝殻）から生まれてくるが、最高の芸術家でもそれを真似することはできない。この口では、食べて噛んで、そして素晴らしい知恵を明らかにし、薫り高い言葉を発する。この巨木は一つの種子から育ち、この人間は恥ずかしい液体（精液）から育ったのだ。

「かれ（主）こそは、あなた方のために、空から水（雨）を降らす方です。（つまり）それ（水）から飲料（ができ）、それから草木（が生育し）、それ（草木）であなた方は牧畜します。かれはあなた方のために、それ（水）をもって穀物とオリーブとナツメヤシとブドウと各種の果物を生育させます。確かにこの中には、熟考する人びとへの数々の印があります。かれの命令によって、かれは夜と昼、太陽と月、また群星もあなた方のために有益にさせました。確かにこの中には、理性ある人びとへの数々の印があります。またかれはあなた方のために、地上にあるすべての物を多様の色彩に増殖されます。確かにこの中には、留意する人びとへの数々の印があります。またかれこそは、海を有益にさせる方です。（つまり）それ（海）から鮮魚を食べ、それ（海）からあなた方が飾りに用いるものを採ります。またかれの恵みを求めて（交易）、その中に波を切って進む船を見ます。きっとあなた方は感謝するでしょう。

またかれは、地上にしっかりと山々を配置しました。あなた方を揺り動かさないように。さらに川や道も（配置しました）。あなた方が導かれるように。」（クルアーン、一六：一〇―一五）

このように、何百万、その上さらに何百万もの驚異がある。それをもっと少なくし、われわれを慣れさせ、われわれに忘れさせてくれ（と言いたいくらいだ）。

驚異の一つの側面に本能がある。何千マイルも泳いで繁殖地に達する魚もいるし、親の後にはその後継者が取って代わるという、これすべて本能である。鳥には春と秋に集まって、高い山や広大な海を越えて穏やかな土地に飛んで行くものもある。その往復の道案内になるのは一体何か？　道標もなければ、目印もない。通信用の鳩がその宿に戻れるのも、驚くべき本能による。猫も同様。本能こそは、動植物の種々の仕方と驚異の働きによって自己保存させるのである。

自然の驚異と組織と正確さのすべては、われわれの理解を遥かに超えている。論理も思考も分析も超えている。すべては顕微鏡の世界だし、一方大きいものは望遠鏡の世界だ。その謎は理解を拒む驚異の生命であり、理性の認知は望めない。大地の中の種子や、空間を占める原子などである。また水中の魚や天空の星もそうだ。

アルジャーヒズ（アブー・ウスマーン・、八六九年没、アラブの文筆家、神学者）が次のように言ったのは、正しかった。「蚊の羽にしばらく止まったとしよう。よく見て、正しく機能させ、抽象世界に深く潜んで熟慮してみよう。そうしたら、長い紙や大きな皮革に珍しい教訓が一杯あって、秘められていた意味、埋まっていたもの、そして隠されていた知恵や知識の源泉が、一斉にあなたの方に見えるようになっているのだ。主は言われた。『たとえ海が、わたしの主の言葉を記すための墨であっても、わたしの主の言葉が尽きる前に、海は使い尽くされます。たとえわれらがそれ（海）と同じものを補充しても（足りません）。』（クルアーン、一八：一〇九）ここで言う言葉とは、文字で書かれる発言内容やいわゆる言辞ではなく、恵みであり驚異などを指している。こういった事柄に対して、繊細な舌を持ち、清い頭脳を持ち、正しい思考をして物事を完遂する人であれば、その意味は明らかとなり、その知恵に浸ることとなる。」

＊＊＊＊＊＊

終わりを知らないさまざまな優しい意味合いと驚異に加えて、一方では自然は厳しく無慈悲でもある。生き物を痛めつけて止まないのである。まるで視力のない機械のようでもある。武力で弱者を支配し、その弱者はより弱い者を支配するのだ。ライオンは狼を、狼は狐を、狐はハリネズミを、ハリネズミは蛇を、蛇は鳥を、鳥はイナゴを、イナゴはスズメバチを、スズメバチは蜜蜂を、蜜蜂はハエを、ハエは蚊を、それぞれ襲っては食べてしまう。そして人間はといえば、そのすべてを支配して、また互いに支配しあう。自然は痛めつけても後悔しないし、死を悲しまない。すべてが戦場になっても構わない。勝者も敗者も武装させ、強者も弱者もそうだ。戦闘と殺戮《さつりく》、迫害と苦痛の見物者となる。事態は少しも自然の気にするところではない。生きとし生けるものすべてに欲望、そして力と画策と陰謀も植え付けた。それらの競争や戦闘はすべてやり放題なのである。それがすべての法規となり、宗教となった。小さな生き物から大きな人間までを含んでいる。その後はそれらから手を放して、それらを記録はするが、介入はしない。いやそれどころか、あれやこれや、何かと延長し、紛争や仲違いが終わらなくもするのだ。

安全で平安な所で、気持ちを休め遊べる所であった。そして活動し、幸せもあった。しかし自然は、それを火山で一瞬のうちに熱い窯にしてしまうのだ。住民などで美しかった街も、地震が襲って、昨日までの繁栄はどこかへ行ってしまう。この船は装備も素晴らしく、規模も大きい。しかし海は瞬く間に、船上の人たちを飲み込む。病は人を襲って、幼少も高齢もお構いなしだ。誰であれ、痛みを手加減することはない。一人であれ、家族であれである。死は全員を襲う。その楽しみは消え、希望も死滅する。本能が人を支配している。戦火は広まり、恐ろしい殺戮が常時行われる。こうして苦痛の波にさらわれて、生存者の楽しみは束の間となり、稲妻の輝きに終わるのだ。

＊＊＊＊＊＊

自然の第一頁を読むと、そこには美、偉大さ、善良さ、調和、荘厳さ、緻密さや本能の驚異が出てくる。しかし第二頁を読むと、厳しさ、惨さ、迫害、拷問などが出てくるのである。古来このような矛盾する自然の姿に、理性は理解に苦しんできた。知恵の横には、馬鹿げたことがあるのだ。慈悲の隣に厳格さがあるのだ。こういった楽しみや苦痛の源泉は何なのか？

そこで宗教者は、自然の報復は人間による命令違反に対する主の怒りであると理解したのであった。しかし残念ながらそれは、いつもは支持されなかった。というのは、この世では嘘つきや浮動する人間が恵まれて、敬虔な信者や正しい篤信者が痛めつけられることもあるのだ。敬虔なものが貧しく、罪深い馬鹿者が豊かになるとよく言うし、諺にもあるのは、「信じる者は、傷つく。」

最近の自然主義の人たちが言うには、苦痛が人を襲うのは、将来の危険を知らせる警告であるということだ。頭痛はその人が休むべきことを知らせるし、息詰まりや水不足でふらつくのもそうだ。しかしながらこういった理由付けは、いつも当たっているとは限らない。たとえ人間の苦痛についてはその通りだとしても、自然が起こす種々の出来事についてはどうだろうか？

ある思想家の言葉を見たことがあるが、その人が言うには、最大の間違いは人間界の道徳感情を自然界に適用することにあるという。自然現象について、慈悲的とか厳格とか言うことである。あるいは恵みであるとか、報復であると言う。楽しみとか苦痛と言う。それらは人間の尺度に過ぎない。ところが人間世界の背後には、他の諸世界があるのだ。地球を離れても、諸世界がまたある。人間が限りのあるその視野と思想でもって正義や不正を他世界に適用するのは、傲慢ではないだろうか。広い世界を自分の狭い世界に従わせようというのである。全体的世界の法律を自分の部分的世界に当てはめようということだ。

この見解は大変な熟達者のものとしても、私はその前に支持も拒絶もできないし、同調も反対もできない。

物事の両面

私から見れば、本問題の誤りは、苦痛の側面からだけ見て、その解決策を考えようとする点である。しかしこの世は一つなのだから、全体的な視点が必要であろう。黒色なしでどうして白色を理解できるのか？　同様に、寒さなくしてどうして暑さが理解できるのか？　長短や視力の有無も同じ原理だ。苦痛もこの世のシステムの一部であり、それは不可欠なものとして理解されるのだ。もし苦痛がなければ、この世の組織は崩れてしまうこととなる。

この世に悪徳なくして、美徳はない。同様に利己主義なくして、利他主義はない。

卑怯と英雄、不正と正義、臆病と勇気、苦痛と愛情、痛みと楽しみ、そして改心と罪悪なども同様の関係である。痛み、悪徳、罪悪がなければ、高度な美徳や高貴な行動、そして詩人も謳う英雄の行為もなかったのだ。醜さがなければ、美もないし、不幸な人がいなければ、幸福な人もいないだろう。

苦痛を伴わない愛情は意味がない。愛するというのは、悲しさや障害も含む。人との接点のなくなることを恐れるが、そういったことすべてが痛みなのである。だからそれがなければ、愛情もなくなる。

痛みの可能性は、われわれの最大の美徳の源泉だ。決心と忍耐、自信、善のための犠牲、改良のための苦痛などである。痛みの感情抜きでは、詩も芸術もない。彫刻も、音楽も、写真も、人間的な意味合いも愛国主義や民族主義もそうである。

もし人が望むようにこの世に痛みがないとすれば、自然からは楽しみが失われるだろう。また悪徳がなければ、美徳もない。痛みなしでは楽しみも想像できないとすれば、悪徳なしでは美徳も想像できないはずだ。

われわれのこの世は、善と悪とで成り立っている。楽しみと痛み、美徳と悪徳、幸福と不幸、それらは顔の片方ずつであり、双方が必要である。理解するということもそうだ。もし痛みのない世界を望むのであれば、それはこの世以外ですべき話だ。そしてこの組織全体（この世）以外で望むべきである。

世界の主であるアッラーに、深謝あれ。


【註】山あれば谷ありを説いている。それがこの世の存在の原理だというのである。この点もクルアーンには、順境があれば逆境もありとか、すべては対をなしているとして指摘されているので、アミーンの見方のイスラーム的な背景は明らかだ。他方で注目しておきたいのは、存在の原点としての創造ということである。この点については、生々流転で流れる川のごとしという日本流の観念と比べて、彼我《ひが》の差には大きいものがある。ただそれは宗教信仰論になる。『溢れる随想』第四巻三六―四一頁。アルサカーファ誌、一九四二年三月三日。

三、量より質を

伝えによると、イブン・スィーナー（一〇三七年没、高名な哲学者、医学者）は長くはなくても広い人生を、アッラーに祈願していたそうだ。それは思索が豊かで、生産的な人生を意味したのであろう。そしてそれが人生の尺度であり、生産的でないならば、長くなくてもいいということだ。多くの人にとっては、その人生は繰り返しの続く、一日に過ぎないようだ。その時間中の番組は、飲食と睡眠だけだ。かれらの昨日は今日のようで、今日は明日と同じこと。そうなるとイブン・スィーナーは、かれらの生涯を一日と計算するであろう。他方、極めて広いものであれば、たとえ一日二四時間であってもそれを、一〇年と計算するのであろう。そしてその思想家は、幾世代もの人々を幸せにする考えを持ち、そのような仕事を達成できるかもしれないのだ。そうするとたとえ短くても、何千年と生きたと同じことになる。いやそれは、一国の生涯に等しくなる。そこで教えられるのは、いかにしてということであり、どの程度ではないのだ。

アッラーに否定されるべきものはない、
（たとえ）世界が一つにまとめられても。

四大陸の指導者が一堂に集まり、和平に達した時には、何百万の人類の命を救ったのであった。そしてアッラーしかその恐怖感をご存じないような災害を未然に防いだ。その時間は軍備に費やしてきた幾千年よりも、ずっと良かったといえよう。

いかにしてという基準で、どれだけではないのは、よほど理性が熟してからである。生育期の子供や新生の国家は、得てしてどれだけということにこだわる。農村の人にとって最善の選択は、大規模で、塊での取引である。他方都会派にとっての選択は、茎のように細身であり、計り売りによる取引である。子供らは品質よりも分量を望むように仕向けられているのだ。通りを歩き、店を訪ねると、分量で宣伝されている。「封筒と手紙用紙四〇枚、プラス税」、あるいは「鉛筆一ダース」といった調子である。このように売買行為では、心理学を詳細に実施しているのである。人々の心理に達する諸法則を熟知しているのが、販売人である。かれらは分量で評価し、それで人々を錯誤に陥れているのだ。人々の弱点を突いて、その病気の在りどころを知っている。そこでまず品質を売り込もうとして、「高品質」とか「超高度」といった表現は使わないことになる。そうなるとそれは質の問題であり、例外を除けば、それは量を問題としていないのだ。

誰でも幼児期は経験しているし、国家も同様にその初期というものがある。その間に量的評価が頭に浸み込んで、それから解放されないのである。それはその後いかに成長しても、そうなのである。そして感じることなく、また意識もしないうちに、最良の階層も含めて、全員が分量の虜となっているのだ。これは不可避の病となり、それからの解放ができるのは哲学者だが、それもある程度しかできない。誰しも同じだが、長身で立派な人には注目し、よく知らないのに敬意さえ払う。他方、小さくて身なりもさえない人は、よく知らないのに初めから軽く見る傾向がある。一般的には、見かけの良い人を、よほど反証がない限り大切にする。そして貧弱な見かけの人を、反証がない限り軽視する。それは分量がなせる錯誤なのである。もしも公平にするならば、その質が明らかになるまで、誰であれ中立的に扱うことであろう。

大きなターバンや長い髭を見ると、それでもうその人は宗教的で知識人だと思ってしまう。ターバンや髭が宗教や知識とは無縁であるということは、反証があってもそうなのだ。宗教で心が一杯になり、知識で頭脳が一杯になったとしても、外見が貧相であれば、それでその人を拒否するのである。さらには自分でそうして自らの宗教と知識を否定するような者もいる。そのことは、学者や聖職者の服装を見ればうなずける面があるだろう。古来、アラブは分量の起こす錯覚について、詩にも読んできた。

若者がヤシの樹のように見える、しかしヤシの樹とは何か?

あるいはさらに言う。

痩せた男をあなたは見る、そしてかれをあなたは馬鹿にする、その男の服の中には、強いライオンがいるのに。

髭をあなたは気に入り、それを試みるが、

長い髭の男は、あなたのその考えを後に残すように引き継がせる。

こうして生活の全般にわたり、またあらゆる知識や技芸にまたがり、あなたは分量に騙《だま》されるのである。

著者が自慢するのは、例えば大きなサイズの四〇〇頁の本だといったことである。有識者は読破した本の多さを自慢する。作家は書いた分量の多さを自慢する。新聞はその販売数で読者を騙す。あるいはその新聞や雑誌の頁数でごまかすこともある。しかしその頁数は量であり、質が伴わなければ意味がない。私はどれほど新聞か雑誌で、質だけで読者を惹きつけるものを望んでいることか。ただし大半の読者は質に関心を払わないので、そのような試みは失敗に終わることは言うまでもない。

新聞や雑誌の頁数の多さは、適切な様式に移行することを余儀なくした。時にはその様式とは、「ふわふわした羊毛」（クルアーン、七〇：九）の様（バラバラ）であったが、それがコラムに整理された。さらにはそのコラムは、一行にまとめられることもあった。人は電報を送るときは、どうして非常に多くの意味を最も短い文章にするのかが、分からない。本を書き、手紙や論文を書くときはそうしないのである。恐らくそれは、電報のときはそれ以外とは異なり、文字数が料金で計られているからである。そういう原因であるならば、それでは金銭の評価の方が、読者や筆者の時間よりも、重く受け止められていることとなる。これでは最悪だ。それでは量の評価が質のそれを上回るという過ちを犯していることになる。

昔のことだが、修辞学者がこの量と質の問題を扱ったことがあった。それらを簡素化と長舌化と呼んだ。前者は表現の中でも誉《ほま》れであった。それは数少ない言葉で大量の意味を伝えるのだから、それに長けることは簡単ではなかったのだ。そして簡素化も長舌化も多額の謝礼ということでは、同じ一つの宝石を目指した。多言する人はその多さのために、多額を好んだ。他方、意味の方を重視する人は、（数少ない言葉の）貴重さのために、一つの宝石を望んだのだが、簡素さを多言に変えるのは、意味を明確にし、考えを確認するようなときに限られたのであった。

実はアラブ文学は、この分野では最良のものの一つである。その最初期に生まれたものは大半のところ、散らばった雲を集めた雨の滴のようなものであった。あるいは香水の滴のようなもので、多量の花から採取されたものであった。

ところで私は、われわれが書くものすべてが電報のようであってほしいとは考えていない。もし様式に美が欠けており、あるいは考えを明確にしていないときは、それらを美化し修飾することには、価値がある。要するに私が望むのは、意味が目的であり基準となってほしいということ、さらに言えば長舌も意味のために、そして簡素さも意味のためにということである。そして望まれるのは、人々が質のために質を評価し、また量を評価するのも質のためにするということである。

この論考を書いてきて、ここに至って私は急に頁数を数え始めているのである（執筆依頼の字数に達していない心配である）。それは思っていたより少ないので、少々頭を痛めている。しかしこのようなことをここで記してその空白を埋めているのは、幸いなことだ。欠けているものを、補充しているのである。われわれは結局のところ全員が、「量」の下僕になっているのだろう。そしてこれでは「塊」による選択ではないだろうか。

【註】量よりも質を優先させる視点は、特にイスラームと関連しているものではない。表現の発音（修飾）よりも含蓄を重視する見地は、アミーンの文学批判でもしきりに出てくる。このような国語改革の問題も抱えていたのが、アラブの近代化の一側面でもあった。それはさらには、アラブ人の国民性の問題としてもやがて意識されることとなる。外見や形式よりは、内実の重視である。『溢れる随想』第一巻四―七頁。アルリサーラ誌一九三三年七月一日。

四、人生の笑み

聞いたところでは、ムハンマド・アブドゥフ師（一九〇五年没、エジプトのイスラーム改革を主導）とアブドゥ・アルカリーム・サルマーン師（一九一八年没、法官）は互いに若い頃より大変な親友であった。二人の間は村の隣人関係で、アズハル（カイロにあり、イスラームの最高学府とされてきた）での（勉学では）共に住み同僚となり、その後も人生の闘争でいつも協力した。後者は前者よりも賢明で適正もあったが、前者は楽天的で後者は悲観的であった。ムハンマド・アブドゥフ師は、人というものはさまざまであり、環境が悪ければ腐敗もするが、それを改良もする。エジプト人も他の人々と同じで、道徳や行動が悪いと支配者のせいにして逃げ口上を持ち出す。そして善へと誘われればその道に従うし、正しい教育を実行する。正道へと招かれればそれに対応し、することは真っすぐになる。その前には栄光と誉れの道が開かれるのだ。こうしてその人生も仕事も築かれてきた。一方、アブドゥ・アルカリーム・サルマーン師は悲観的で、エジプト人は改善しようもなく腐敗し、改革者は自らを燃やし尽くしても成果は上がっていない、だから改革者は自分に終始しておいて、民衆とその生活といえば運命任せにしておこうというのであった。

前者はその楽観性で偉大な改革者ムハンマド・アブドゥフ師となり、国に大きな影響を残した。他方アブドゥ・アルカリーム・サルマーン師の方は、あまり知られずその賢明さも近くの人たちしか益せずに、その評判も個室で光っているだけであった。

人生でかれの資質と長所を殺したのは、その悲観性だけだった。希望を与えて成功へ近づけ、才能を育てて有益な仕事を果たさせるのは、微笑みである。自然はそのことをよく知っている。笑うことや、喜ぶこと、素晴らしくて珍しいことや喜ばしいことには共鳴する。また食欲があり、消化作用があり、こうして生き続けることができる。生活はそれで成り立ち、幸せもそこから生まれる。しかし人間は無知ゆえに、この天賦の才能をだめにして、黒色で塗りつぶすことがある。そこで不安と苦悩に陥る。自然は、その法則を敬い、その慣行に則る者に対してのみ、幸福を享受させるのである。

この世の苦労

この世には苦労がつきものである。それが自然である。そして人間はその生涯において、困難にも直面するのだ。そこで人には、楽しい精神と明るい魂を与えられた。それは病に対する薬であり、苦労に対する樹液のバルサムである。それを失ってしまっては、治療もできずみじめな生活をするのだ。若い男女で顔面には失望が露《あら》わで眉をひそめて、不安をかこって人生に終止符を打とうとしているとしよう。そこには酷い家長や教育長がいるので、その若者の最良の自然と最善の才能を奪ったことになる。

人生で微笑む者は最も幸福であるのみならず、仕事もできるし、責任も多く担える。厳しさにも耐え、困難の処理もできる。自身と人々に役立つことを成し遂げられるのである。

資産や地位と、ほほ笑んで楽しい精神のどちらを取るかといえば、後者である。失望しての資産や心を殺しての地位など、何だというのか？　愛する人の葬式帰りのような、追い詰められ窮屈な状態の人生など、何だというのか？　妻が美しいとはいっても、かの女が気を取り乱し家が地獄になるよりは、美しさでは劣るとしても家が楽園のようであれば、その方が一〇〇〇倍はいい。外見の笑みも、微笑むような精神と思考から出てくるのでなければ、その価値はない。自然の全ては美しく微笑んで調和している。そこへ人間の自然に反する妙なことから、絶望が生じるのである。花や森、海、川、星や鳥も微笑んでいる。人も本来は微笑んでいるが、そこへ欲望、悪意や利己主義などが入り混じり、そして絶望へと追いやられるのである。調和の取れた自然のリズムを乱し、精神の乱れた人は美を知らないのだ。また心の汚れから、真理も見ないのだ。人は誰でもその人の行為や思考や動機から、一月分の世界を見る。だからその仕事が善くて考えることは清潔で、動機も清浄なら、その人の見る眼鏡も浄化されるだろう。世界は元来創られたように美しく見えるのだ。ところが、そうでなければメガネは曇り、レンズは黒くなって、すべては薄暗く見えてくるだろう。

心のありようによっては、すべてが苦痛となり、あるいはすべてが幸福となる。例えば主婦ですべて過ちに目が行って、皿が割れたからとか食べ物に塩が入りすぎたとか、紙や石に足を取られたとか言って、文句たらたらで家中に噛みつくのである。そうなると家は火の中である。あるいは男でも、使われる言葉一言やその解釈に噛みつき、ちょっとしたことで人に突っかかり、あるいは儲けた人を失敗させたり、またはその人を待ち受けて（チップを期待する）、何も起こらなかったりする。その人の目ではこの世はすべて真っ黒だが、それはかれが黒くしたのである。こういった人には、悪を強調する能力があり、楽園を墓とし、種子を樹木にしてしまうのである。善行への能力に欠けており、たとえ潤沢に与えられても喜ばないのだ。たとえ偉大なものを獲得しても、ありがたがらないのだ。

人生は芸術

人生は芸術である。そしてそれは学習するものである。人にとっては、花を生け、生活に薫香と愛情を注ぐほうが、ポケットや銀行に金銭を貯めるよりも、ずっと良い。守銭奴で過ごして何になるのか？　美、慈悲、愛情といった方面に力を入れないで、何がいいと言うのか？

大半の人は人生の喜びではなく、金銭に目を開いている。庭には歌や美しい花や豊富な水や美声の鳥たちがいる。しかしそれらには目もくれない。一銭が出たり入ったりする方が、大切なのだ。その資金も幸せな生活の手段ではあったが、状況は変化した。その一銭のために幸せな生活を売り飛ばしたのである。目は美を見るために創られたのに、それらの人々にとっては代わりに金銭を見るためになったのだ。

嫌気ほど心も顔もゆがめるものはないので、もし微笑みを望むなら、この嫌気と闘わなければならない。誰にでもその機会はある。その成功の可能性はある。だから考えを改めて、希望を開いて、将来の良い風向きを待つように。もしあなたが自分は小さいことに創られたと思うのならば、その小さいことしか得ないだろう。他方、もし大きいことに創造されたと思うなら、境界を破り障害を乗り越えるほどの大きな関心を持つこととなるだろう。そして広大な広場と高尚な目的へと進むであろう。

その証拠は、物質的な生活に見られる。事例として、一〇〇米競走だと、それが終わると疲れを感じる、しかし、四〇〇米競走であれば、一〇〇や二〇〇では疲れない。精神はあなたにその目標に応じて定められた関心をあなたに与える。だからあなたの目標を定めるように。それを高尚で獲得困難なものにするように。そして毎日をそれへ向かっての一歩一歩とするのである。そうでなければ、心は行き場を失い、失望し嫌気の牢獄に入り、希望もなく悪を見て良くない生活になるのだ。そして人の欠点を探し、世界の悪い側面ばかりを口にすることとなる。

人は自然の能力を育てる方へ向かうほどいいことはないし、それで調整し視野も広げられる。その人には寛容性もあるようになるし、度量も広くなる。それから最良の目標は、可能な限り人々に対する善行の源泉となることを知るだろう。そしてその心は、光る太陽となり、愛情と善の源泉である。またすべての人へ善を届けるために、同情と敬虔と人間性と愛情に満ちた心となる。

微笑む心は困難を克服することに楽しみを覚え、見て、対処して、克服して微笑むのである。しかし失望の心は、困難を創り出し、それを見かけると拡大し、その関連する事柄への関心を縮小させる。そしてそれから逃避して、時間や場所に応じてその陰にじっと潜んでいる。また、「もしや」とか、「たとえ」とか言って、口実を見つける。かれが呪っている時間とは何か？　それは自分の性格であり教育にほかならないのだ。かれは人生において、費用を支払わないで成功を願っている。どの道にもライオンが潜んでいるとする。そして天から黄金が降ってきて、大地から宝の匂いがするのを待つのである。

困難は相対的

人生の困難は相対的である。小さな心にとってはどんなことも困難であるが、大きな心にとっては大きな困難はない。そして困難を克服することで、その偉大さは増すのである。しかしそうでなければ、困難から逃げることでさらにしょぼつく。本当に困難は、腹を減らした犬のようなものだ。あなたをそれが見ると恐れをなして走り出すが、あなたに吠えつつ、その犬はあなたの後に飛びつく。しかし（次は反対に）その犬があなたを見ると、あなたは馬鹿にして関心を払わず、あなたの目は光ってその犬に一番広い道を照らし出す。すると犬の方は、あなたに対して、その皮の中に（萎縮して）引きこもってしまうのだ。

心にとって、それが低く小さく価値がないと思うほど、きついものはない。そこから何か偉大な仕事や大きな善行が生み出されるとは思えない。こういった低いという感情は、その人の自信低下となり、信仰まで弱まってしまう。能力に疑問を持ち、成功するかどうかは分からずに、対処するのも微温的であれば、それは失敗を免れない。自信というのは、人生の成功の支柱がよって立つ最大の徳目である。それと低俗とみられる過剰な自信とは、大きな違いがある。過剰なものは幻想と捏造《ねつぞう》された慢心に基づく。他方（正しい）自信は、責任を担う能力に依拠している。またそれは、その能力強化と準備改善の努力に基づいている。宗教人というのは、心と自分を低くして、またその官能や悪と謀反の気持ちを小さくさせる考えを広めるのに責任を有している。さらには自分の生涯を人々に投げ出して、成功への希望も喪失してしまう人もいるくらいだ。

ある時私は道を歩いていたところ、社交クラブに行きついたが、そこにいた顔（名士たち）を一望することとした。それらは長くていかつい顔が揃っていた。心配事がかれらの頭を重くしたり軽くしたりしていた。目には喜びの稲妻はなく、活力がみなぎっていなかった。娯楽や世間話の場所では高い笑い声が響くが、あなたは失望かそれと同類のもの以外何を見るであろうか？　人と会う社交の場所では、作られたような欺瞞《ぎまん》の笑みは遠ざけて、心の奥底へと浸透せよ。するとあなたは、内向きのもの以外に何を見るのか？　こういったこと全体の、秘密（の原因）は何か？

秘密は、まず長い間民衆から自由を奪うような不正が続いたことである。心は自由にこそ微笑むが、圧政には内向きになるだけだ。

秘密はまた、民衆の大半に広がる貧困がある。かれらは疲労困憊で、食べることと生きることで精一杯なのだ。どうやって家族とそれにたむろする者たちの需要を満たすのか？　かれらの出口は狭く、その大半の富はすでに消費されている。

秘密は、心を解き放たない教育の弱さにもある。乾燥した知識で満足しているのだ。

秘密は、経済組織にもある。それは仕事に対して何も与えず、若者に恵みの扉を開かないのだ。国富を活用するわけでもない。

秘密は、今までのところわれわれは、生活の技術を学ばず、それを学習のプログラムでも耳にしたことがない。家でも学校でもはたまた説教師のところでも、クルアーン塾でも聞いたことがないのだ。

秘密は、われわれには自信がなく、誰一人として自分を信じていない。市民に相互の信頼はなく、行政家もビジネスマンも市民を信用していない。他方人々は、支配者を信頼していない。

最後の秘密は、長年われわれは民族的誇りを失ってきた。この誇りこそは、どれほど微笑みをもたらすことか？　そこでこの困難をすっきりさせよう。そして人生に微笑もう。それはたとえ作り笑いでもいい。というのは、それは何時か自然なものに転化するだろうから。揺りかごの中の子供に笑うように。そして仕事をする作業員にも。あなたが育てる子供にも。取引相手の商売人にも。直面する困難にも。成功しても、失敗しても。長い道のりで右や左にその笑みを広めるように。というのは、あなたはその道に戻ることはないから（人生は一回限り）。

【註】微笑みが大切とは、至って常識的に聞こえる。ただし本節の最後で言いたいことが出てくる。つまりそれが少ないのは、国民的な経験―植民地支配―が背景になっていることがある。急に深刻さが増すかたちで締めくくられる。また著者のアミーン自身はいつも誠実で謙虚であ

ったが、一方表情は抑え気味で、微笑むような姿は公の場ではほとんど見せなかったそうだ。『溢れる随想』第六巻一二五—一二九頁。アルヒラール誌、一九四四年七月、八月。

五、生活と単純さ

単純な生活がいい。複雑なことや仕掛けはいらない。嫌なことは、見せかけや見掛け倒しであり、生活を複雑にして、企みを設けることである。文明は常に複雑化を伴うようである。ローマ文明、イスラーム文明、そして近代欧州文明など、どこをとってもそのようである。豪華な装飾や贅沢が目に余ったのは、イスラーム文明でも変わりなかった。

贅沢な話

イブン・アルフラート（アブー・アルハサン・、九二四年没、アッバース朝の宰相）は贅沢の極みで、水晶製のスプーンで食べていたそうだ。それも一口だけである。そして食卓には、三〇〇のスプーンが並べられたそうだ。またアルマアムーン（アッバース朝第七代カリフ、八一三—八三三年在位）の時代には、その食卓に三〇〇種類の品が並んだこともあるそうだ。イッズ・アルダウラ（ブワイフ朝君主、九六八—九七八年在位）の宰相アブー・ターヒルの給与は、毎日氷一〇〇〇ラトゥル（約五〇〇キロ）で、毎月ロウソク一〇〇〇マンヌ（約一トン）だった。アルマムーンは女奴隷に怒ったので、リンゴ状のアンバル（龍涎香）が贈られたところ、その上には黄金で「ご主人様、お定めを」と書かれていた。カリフ・アルムクタディル（アッバース朝第一八代カリフ、九〇八―九三二年在位）の母親の靴（サンダル）はディーバキーヤ（金装飾の布）と呼ばれる布で作られ、サンダルのサイズにその布は裁断され、ミスク（じゃ香）とアンバルが溶かして塗られていた。またその布の二層ごとに、両者の固形のものが挟まれていた。しかもその靴は数日しか使用されず、その後それは召使たちに降ろされた。また贅沢な女性たちはシリアからもたらされる狐の皮を買って、冬場にそれを衣服に入れて暖を取った。アルマスウーディー（九五七年没、歴史家）によると、イブラーヒーム・アルマハディー（八三九年没、アルラシードの兄弟）はある日、アルラシード（アッバース朝最盛期の第五代カリフ、七八六―八〇六年在位）を訪れて、いろいろの贈り物をしたが、その中に魚の一皿があった。そこでアルラシードは尋ねて、どうしてそんなに小さいのかといった。答えは、信者の長であるカリフよ、これは魚の舌です、ということであった。そこでその値段を尋ねたところ、それは一〇〇〇ディルハム以上だとのことだったので、アルラシードは手を上げて、食べるのを断ったそうだ。

似たような話で、資産家たちの饗宴で珍しい鳥の舌が出されたというのがあった。またアメリカは、一八九九年のパリ万博に二〇万エジプト・ポンドの黄金の柱を展示する考えがあったそうだ。それで同国は黄金の王国ということを示したかったのだ。また、アルサービー（アブー・イスハーク・、九九四年没）の諸宰相の歴史書にもあった。アルムウタディド（アッバース朝第一六代カリフ、八九二—九〇二年在位）は九〇〇万ディナールをその蔵に集めたので、それを一〇〇〇万にしたいと望んだ。そしてそれを一本の金塊に作り直して、それを道行く人が見て、アルムウタディドは一〇〇〇万ディナールも持っていることを知らしめようというのであった。しかもその金塊を（生活のためには）必要としていないということである。ところがそれが実現する前に、かれの命は終わりを迎えてしまった。

このような事例は古今の歴史に多数ある。しかし近代では、それが最高に贅沢で複雑となる。そしてそのような複雑さや見せかけやわざとらしさが、生活全般に及んでいる。昔は国王や宰相に限られていたのだが、あらゆる分野をまたがるようになったのだ。

上流や中流でもそうだが、結婚式というと大変なことだ。そこでは世界がひっくり返ったようになり、大騒ぎとなる。そして一、二ヵ月は一家こぞって休息も取らないで、婚約、品々、宴会準備など数えきれないほどだ。そしてその苦労のために家族全員が疲労困憊となる。資金も尽き始める。これらすべては、複雑さや見せかけやわざとらしさのためなのである。

見せかけやわざとらしさ

さらに多くの女性は、半生を鏡の前で過ごして外見の美化に努める。これは食卓のようなもので、その準備や整頓に長時間を費やす。そしてそれを食べるのにまた一時間以上を費やす。一皿置いたり、上げたりするのである。これらの美味しいものはどれもそうだが、複雑で仕掛けがある。劇場に行くのも大変で、外見を気にし、服装を整え、乗り物も必要だ。劇場へ行く人たちは人々がその人を見るので、（人が噂してくれて）自分の物語を欲しているようなものである。身に着けるものも、道行く姿もそうである。法に違反しているかどうかは別にして、食卓の上の美味しいものはすべて、単純で簡単には獲得されない。それは複雑さとわざとらしさの終わりなき演出なのである。

おかしなことは、こういったわざとらしさを味わう人たちは、やがてそれに慣れて親しんで、それを単純で単調と思い始めるということである。そしてさらに複雑なものを探し始めるのである。そういった時に、この複雑化が一層味わい深くなるならば話は別だ。ところが事実はその複雑化は、喜びを減退させるのである。味わいは少なくなるのだ。単純な労働者は、簡単な物語でも喜ぶが、贅沢な資産家は複雑な話しか面白くないのだ。女性もそうで、貧しければ質素な新調の外套で喜ぶが、金持ちとなると素晴らしく装飾されたものでも、あまり嬉しくないのだ。

こういった複雑さやわざとらしさは、さらに惨めさの原因ともなる。というのは、服装や装飾品で家計が許す以上を消費する婦人が多いのだ。家の事情が許す以上に、酒や賭け事で浪費する男の多いこと。多くの家庭が破産状態なのだ。そういった家計以上の浪費で、恥をしのいで収入に走らねばならないケースが多い。他方名誉を守ろうとして、不安と懸念で頭一杯になるケースもある。自分一人なら何とかなっても、子供や家族の分は手に負えないケースもある。

取引や活動一般にも見せかけや、これ見よがしや、人目を気にしたことが多すぎる。職場、行政、商店、宴会、冠婚葬祭などどれを取ってもそうだ。単純さはなく、天賦の素質さに戻ろうとするものは見当たらない。さらに文学、芸術にも文明が介入して、複雑になっている。装飾や人為的なもので一杯だ。口先だけのものや、抽象的なもの、比喩や隠喩などなど。取って付けたような表現では自然さに欠けるし、物語は人を驚かすような物語でなくなってしまう。やらせ風で泣いたり笑ったりするのも見せかけでは、本当の役者ではない。叫び声も巻き舌も大仰な仕草もそうだ。

人は話す時に、一番理解されて理解させられる方途を選ぶとは限らないし、また心を表現するのに一番表現力のある単純で誠実な方法を選ぶとも限らない。時にはわれわれにとって、疑念や曖昧さや幻想や見せ掛けや修飾などのために、事実が入り乱れて判明しにくいこともある。単純なものが、一番説得や理解させるのに良いことは明らかだ。単純で誠実で正直な言葉の主は、飾り付けられた演説や修飾過多の話よりもずっと多くを伝える。単純さに傾斜する文学は最高だ。最良の演技は、自然なものだ。最善の芸術は、単純で平易な中に心を表現するものである。

文明の虚飾

こうして文明はあらゆる面で、複雑さ、わざとらしさ、見せかけ、そしてやらせ風となり、単純さからは遠ざかった。このわざとらしさや見せかけは、世界に多大な災いを撒き散らすこととなった。しかしこの見せかけは拭いきれないような文明の必然的な付随物であろうか。あるいは評論家たちが言うように、それはあるかも知れないし、ないかも知れないという添加物なのだろうか。

文明は自然な向上の段階だから、文明化した後で砂漠化するのはありえないし、またそれは良くもない。しかしそれは、文明と単純さの同居は難しいということだろうか？　私の見るところ、複雑さは文明の必要条件ではない。実際私の期待するのは、単純な生活をもたらしつつ科学の成果を享受する高尚な文明である。

文明の真ん中で生活の単純さを達成した偉大な人物の話を耳にする。例えば、トルストイ

（一八一七―一八七五、ロシアの詩人・小説家）である。また『アルナディームの文学』（一九世紀末にエジプトで出版され、著者はアブー・アルファトフ・カシャージム）の中で読んだ良い話がある。それはアブドッラー・ブン・ターヒル（八四四年没、アッバース朝下でホラサーンの藩主）がある裕福な人の宴会に招待されたので赴いたところ、高い地位のアブドッラー・ブン・ターヒルにふさわしい食事を用意するというので、随分時間が経ってから始まった。それは贅を尽くしたもので、種類豊富で、これ見よがしであった。その後、アブドッラー・ブン・ターヒルが退出することになった時、何か足りないものがあったか、と招待者に聞かれた。かれは、ブン・ターヒルに対して、ある人のところへ行って男気とは何かを経験してくるようにと言った。そこでその人のところへ行ったが、ちょうどそれは食事時だったが、その人は何も追加せずに食事を提供するように召使に命じた。だからそれは質素ではあっても清潔な食事であった。そしてその人は言った。「これが、アブドッラー・ブン・ターヒルに知らせたかった男気である。」

最近の文明には明確な傾向があると見られる。それは見掛け倒しや生活の複雑さに嫌気がさしてもう十分という反応である。美味しいものばかりを求めたり、技芸でこれ見よがしにしたり、表現を飾りまくるといったことは、たくさんというのである。このような傾向は多方面にまたがっているが、それは歓迎されて大いに広まることを望むものだ。

言葉の単純さと正直であることを切望する。思考は清浄で、外見ばかりを気にすることはしない。質素さと平易であること、人の嫌がる考えは持たずに、威張ったりしないで、張子《はりこ》の虎にはならず、これ見よがしではなく、外見ではなく複雑でもないもの。食卓は清潔で質素で、理性の人にとって食欲をそそるものであること。そこには質素な飾りを身につけた清楚な女性がいるかもしれない。それはごろごろの重ね着やギラギラの飾りより良いものだ。

簡素な生活に心の安らぎがある。健康にも良いし、互いの理解も進む。経済的にも軽減されるし、物質生活がすべてではないこともうなずけてくる。物質生活の複雑さやさまざまな仕掛けに時間をかけるより良いのだ。そこにあるのは、高尚な精神生活であり、それは美しく、時間を割く意義があるのだ。そして頭を巡らせることもできるのだ。

【註】質実な生活はアミーン自身が実践していた。虚飾を嫌い、名声も遠慮気味、しかし自身の知的成果、特に文人であると認められることはこの上なく喜んだ。この自分の性向を文明全体の在り方に拡張したのが、本節の議論である。日本では、さなきだにシンプル・ライフの掛け声が出回っている。権力欲も物欲も抑えた在り方が、どのようにして達成できるとかれは考えていたのか。このような論考一つでは、何もあまり動かないことは明確だ。本節の最後になってようやく吐露されるように、一九四〇年代当時のエジプトの日常とはかなりかけ離

れた高尚な精神生活を希求する気持ちが高まっていることが手に取るようだ。これはやがてかれの宗教信仰論へと繋がる。本節はその原点を見るようなものである。『溢れる随想』第四巻二二七―二三一頁。掲載雑誌は不明。

六、死と生

今日は死についてしか、書かないように私の心が命じている。作家の仕事は、その心の一部ではないだろうか。かれの筆は、喜び踊る。そうかと思えば、伏せがちとなり、その筆からは涙がこぼれる。私は読者のためにも、「死」という題名は避けたいと思った。その代わりに、「生」の一言を加えた。どうして「生」を追加すると、「死」が和らぐのかは分からない。逆に、「死」は、「生」を和らげることはない。

友人の自殺

こういうことに私が至ったのは、最近友人たちが幾人か亡くなったからである。それはかれらがあたかも約束されていたかのようでもあった。他の事にもあるように、あたかもこれらの友人の死には、季節があるかのようだった。もちろんタイミングや範囲は不明ではあるが。

あなたが死の破壊者に挨拶したことは、生きるために忘れろ、

人は希望を与えつつ生を望むだろうが、死にはそれはない。

最近、友人で亡くなったのは、死を急いだ者であった（自殺した）。かれはその運命に対して爪を立てたが、それはかれに対して運命の爪が立てられる前であった。かれはこの世での運勢を絶ってしまったが、それはこの世の運勢がかれを十分に楽しむ前になってしまった。運命の矢はかれに注がれないままだったが、それはかれがその矢を取って、それを自分で自分に対して投げ入れたからであった。そうして早々とその期限は切れてしまい、かれの太陽は午前中に沈んで、その時計は予定より早くに時を刻むのを止めてしまった。

高邁な精神で高貴な性格、良好な心根で、誰でもかれを知っている人は、心楽しいものがあった。それはかれの持って生まれたものや、その快適さと安楽さの手段を持っていたこともある。そうしているうちに、急に幸福と苦労の物事は、心の外側ではなくその内部へと移行した。心は安楽の最中に苦労し、苦労の中で幸せになるかも知れない。

私はかれの死に対して恐れをなし、その教訓について言う言葉を失った。そして涙と心に対するコントロールを失った。アッラーのお慈悲が、かれと私にあるように。

死の恐怖

しかし死を恐れるとは、何ということだ。それとは長年月われわれは付き合ってきている。アーダムの子孫としては、それとは生と同じだけ付き合ってきた。それなのにどうして、多くの苦いことに対して慣れてしまったように、死について慣れることがないのだろうか。死というのは、それ自体では苦くも痛くもないものだ。禁欲者の一人は言っている。「死だけをとれば、それはわれわれに襲い掛かる災害ではない。われわれの生涯には、死はない。死が来れば、それは生もなくなることを意味するのだ。」アルムタナッビー（九六五年没、アラブ最大の詩人とされる）の詩にある。

魂が分かれる前の惨さは、欠如である、
　また別れた後（死後）には、惨さもない。

しかし人々は死に関しては、騒ぎすぎる。それは置かれた状況や、幻想や、恐怖心などのためである。宗教家たちは、死を恐れさせすぎたのだ。心が奪われんばかりに恐怖心を煽《あお》ってきた。鳥肌が立つほどに。そうすることで、かれらは罪や間違いから人を遠ざけようとしたのだ。だがそれは程度問題であり、人々の心を麻痺させ、失望を広めさせることもあった。ところがかれらに期待されるのは、希望を持たせること（タルギーブ）と恐怖心を持たせること（タルヒーブ）の中間なのである。天秤でいうと、恐怖心の方が重くなって傾き、希望の方は軽くなって浮き上がったのだ。このことが多分、われわれが生きていることに苛立ち、毛嫌いするようになった原因であろう。それから奴隷の扱いをされる、この道徳は何ということか？　杖で撃たれないと、われわれは善に向かわないのだ。また鞭でないと、われわれは美徳を求められないのだ。それよりも、恐怖心ではなく愛情がわれわれを善に駆り立てるのが良いのではないか？

さらに生きている人たちを取り囲む恐怖や痛みといったことが、死をさらに悪化させてしまった。叫び声がそのにがみを拡散させ、泣き声は心の襞《ひだ》を溶けさせ、遺体の周囲の人々といえば、目は虚ろで、眦《まなじり》を下げ、心は空虚で、頭を垂れ下げている。大きなため息で立っている姿勢は崩れそうで、心まで挫けるのだ。私にはこれでは、人間の自然体とは思えない。親戚や友人を失って、悲しさはあるだろう。しかしそれは恐怖心ではないはずだ。そこで人が他の自然現象に立ち向かうように、死に対することができれば、恐怖心はなくなり苦痛は軽減されるはずである。国によっては感情を抑えて、悲しさをいくばくか消滅させることができた。そして次の言葉を繰り返したのだ。「死者は死んで、生きているものに命あれ」と。かれらは忍耐を誇りにし、恐怖心も誇りにした。同様に、堅固に相互扶助し、また互いに不安感も共有した。

それから宗教家にあったものは、文学者たちにもあった。かれらは若かった頃に喜んだよりも、もっとその若さを失って高齢になったことを悲しんだのだ。かれらがその弔辞を述べる様《さま》は、葬儀で雇われる泣き女のようである。死はどうであったとか、その死去の様子を述べ、人々の感情に火を付け、かれらの不安を煽り、そして一番話ができて優秀な人をどうやって涙を出させ、どうしてけりをつけるか知っている人を用意するのである。こういったことすべては、人々の死に対する感情を腐敗させて、感傷的になり過ぎるようにさせているのである。

それから人々は区別の仕方で、失敗した。つまり精神は、あの世でもこの世と同様に苦しむと考えたことだ。また生きている者がこの世の孤独で苦しんだように、墓も孤独なので苦しめられると思ったのだった。生きている間も狭さや暗さで苦しんだが、特に墓は狭いし暗いのだ。遺体は極寒に攻められるし、極暑にもやられるが、それはこの世のわれわれと同じだ。そこで人々はこれら両者の違いを忘れ、大変な相違があることを認識していないということになる。

私の身体の各部分が異なるならば、どうして

夏の避暑地でも冬の避寒地でも、その重荷を軽減されなかったのか。

＊＊＊＊＊＊

死は行きどころ

死をおぞましいものにするのは、生でも死でもないような生活を呼び込むこととなるだろう。多分、東洋の悪い面の多くの原因は、指導者たちが死を軽く考え、またそれを恐ろしいものにしたことではないだろうか。そうでなければ、何がわれわれの低俗な生活をわれわれの先祖と国家の間で喜んで受け止めさせているのだろうか。またわれわれは幸福な生活を避難や旅行で求めているわけでもない。そしてわれわれの生活で冒険的なものを避ける理由は何なのか？　そして柔和で安穏とした生活に頼らせるものは、何なのか？　それは死を過剰に恐れることが原因である。死を恐れているのである。

もしも親戚や友人が亡くなる度に、心が悲しさで溶けてしまい、世界が暗黒になり、嫌気がさしてくるのであれば、人生は大変なことになってしまう。そうではないのだ。そうではなく、あなたが永遠に生き続けるかのように、私はあなたの世界のために働くのである。そしてわれわれの心を粗食（オドオドした生活態度）で奪ってしまうような連中には悪運あれ。そうしてわれわれは、生を愛する人たちのための食物となろう。そして、生のための労働が中心となる新たな呼び掛けを始めよう。何といっても、「死も悪いものではない、というのは、死こそは行きどころ（ヌズル）なのだ。」

【註】本節が市民感情を赤裸々に綴っているのは、驚くほどである。というのはイスラームの中では死は恐れるべきものではなく、唯一恐怖の対象となるのは、最後の審判で地獄行きが宣告されることだからだ。人の死を近くに見ることしきりであった、人口密集地帯のカイロ現象という面もあるのだろう。『溢れる随想』第一巻八七—九〇頁。アルリサーラ誌、一九三四年四月三〇日。

七、人生の成功

誰でも人生の成功を願っている。男女、あるいは業者、農民、商人、作家、学者など。そして各自が目標として描く姿は異なっているだろう。

成功には種々の要件がある。それは職業に拠るかも知れず、商人が必要とするものは学者や作家は必要ないかも知れない。あるいは、一般的に必要とされる要件もある。

一般論としては、成功には知識よりもその人の人為《ひととなり》が重要である。例えば、大商人で読み書き知らずという人は少なくない。努力と正しさと評判の良さと、さらに本能的に人々の心理を理解することに長《た》けているのだ。また子弟にはもっと成功してほしいと考え、ドイツやフランスやイギリスに送って、最新の勉強をさせて経済学などの学位も取らせることもある。そして帰国して、父親の死後はそれを引き継ぐのである。しかしその結果は失敗ということもあり、不振で店を閉め、裕福の後から貧困が襲うのである。読み書きを知らなかった父親の方がよかったのは、その道徳面である。それは無知か知っているかではないのだ。父親は商売に必要な道徳を備えており、息子はその点に欠けるものがあった。もし教育を受けた息子に道徳があれば、父親よりももっと大きな成功を収めていたことであろう。これが生活全般の、一般原則である。

他方、非道徳的で低俗な人たちが成功した例もあることはある。特に戦時には、それが多い。謹直な商人はほとんど儲けないが、強欲なのは、とてつもなく儲ける。信頼される職員は僅かばかりしか給与をもらわないが、裏工作をする者は職責を果たさないで大金を手にする。場合によっては、上目使いの職員は精勤な者を盾にして、一儲けするかもしれない。

それにしても正しい人の心の安らぎと嘘つきの不安感、世間の評判、アッラーの前での責任、不潔な資金はその人や子孫も宗教的・精神的・社会的な理由で、ほとんど益しないことが多いことも考えなければいけない。また生涯で逮捕されて処罰を受ければ、その人の現世と来世での失敗も心配だ。だからこういったことすべてを考慮に入れる時には、果たしてそれが成功と言えるかは問題である。戦時成金は公務からは排除され、平時に詐欺や裏切りや媚びを売って儲けた者も同様である。一般原則としては、いずこでもいつでも仕事上の道徳順守が基本である。公平さ、忠誠心、誠実さなどの徳目である。国の向上というのは、成功した者が道徳的であり、失敗した者が低俗であるというところに現れる。

国単位で言えば、以上のとおりである。商業がうまく行くということは、評判が良くて取引もうまく行き、生産も上々ということ。道徳が衰えれば、それは失敗に終わる。契約に誠実で、取引も正直で、人間性に基づいているならば、それが成功となる。しかしそれ以外での成功は、一時的なものであろう。裏切り職員の成功がそうであるし、またローマ帝国の歴史家も同じように言っている。つまり国の繁栄していた時には、礼儀を知っていたが、それが劣化するとその資財も劣化した。

他方、人は天分によって成功するということがある。輝かしい理性、あるいは機会を逃さずそれを活用する優れた能力があれば、道徳とは関係なく成功することがある。しかしそのような時でも道徳的に優れていれば、それだけ成功は大きくなっているだろう。徳目はその人を強化するし、その成功も強化するのだ。悪徳はその人を弱めるし、その成功を弱める。輝かしい能力と強い理性、そして機会をとらえる能力などは、道徳によって支えられれば、その持ち主と周辺の人々に善い結果をもたらすのである。しかしもしそれらが美徳に集中しなければ、それらは人々にとって悪い方向に向かってしまうのである。それは（能力が悪用されるので）大変に危険なことである。天分があり賢明な人は、通常の人よりも善も悪もより多く成し遂げるのだ。

道徳性と無愛想さ

ここに人がよく陥る間違いを指摘したい。それは道徳に伴って、やり取りにはスマートさや作法の良さやお世辞なども必要だということである。もし道徳的だと言っても、そこにしらけや荒々しさや感じの悪さがあれば、成功するには十分でない。つまり商人がいくらまじめで信用できると言っても、粗暴であるときや、職員は誠実で謹直でも、上司や周囲の人々に対して粗野であればだめだということ。また作家や科学者が実直で忠実であっても、関係者に対してしっくり行かないような場合である。これらはすべて人生で失敗ということになり、成功はおぼつかない。しかもその失敗はかれらの実直で真剣なことが原因と考えるとそれは誤りで、実はかれらの無愛想さが原因なのである。

スマートで作法良く感じがいいということは、道徳的でないということではなく、道徳はそれらを奨励するのである。感じの良さには、虚偽は含まれず、媚びることも入っていない。誠実であって行儀よくスマートであることが重要だが、一方では媚びないで誠実だが、同時にマナーが良くないことはある。スマートでなければ友情が破壊されることもあるし、敵対関係をもたらすこともあるし、また評判を悪くすることもある。こういったことすべては失敗の原因になりうるが、道徳性が原因となることはない。商人、科学者、職員、弁護士や議員など、もしスマートさがなければ失敗に終わるかも知れないし、また貴重な才能やその道徳性にもかかわらず失望の結果に至るかも知れない。そして同僚で対人関係の良い有能な連中は成功するであろう。

これは女性も同じで、感じの良い人は夫婦生活や社会面でも成功するだろう。謹直で高徳でもスマートさや感じの良さに欠けていれば、難しい新たな問題に直面するだろう。

総じてスマートさや感じよさ、そして丁重であり高徳であることは、人生の成功を導くのだ。

【註】本書の第二章一二節「精神生活について」では、倫理道徳は理性と信仰の最高の果実であるとされる。しかしここでは、道徳性と対人関係のしなやかさが重要ということを、イスラームに直結させないで経験的に説いている。日本から見れば、両者の軽重が逆転していると見られるところは面白い。それは、日本とアラブ・イスラームの互いの反面教師でもある。『溢れる随想』第一〇巻二四九―二五二頁。アルワーディー誌一九四七年九月五日。

八、幸福への日々の番組

朝眠りから覚めて、顔を洗い、朝食をとる。しかし私が強く望んでいるのは、心（魂）の朝食である。胃袋への関心ほどに、それにも関心を払ってほしいのだ。心は胃袋より小さい問題ではなく、なのになぜか胃袋ほどには心はその必要性が満たされない。

日々の朝食があなたに元気を与えるように、心の朝食もあなたの力と幸せを増幅させるのだ。事実心の朝食に、あなたの人生の成功と幸福がかかっていると言えよう。苦難をもたらす日々の出来事に応じて、あなたは対応しなければいけない。しかし幸福はそのような出来事に依存しているのではなく、自分の意思と理性の在り方次第なのである。

私の意思は、いろいろ考えることで理性に毒となるものを除去してくれる。また意思は、恐怖心や神経のいら立ちを抑えてくれる。それは怒りを静め、高慢さを自制させる。それは対人関係を改めて、行儀正しくし、争いを収めてくれる。そして熱い友情が生まれ、いつも滋養を与えているあなたの強い心は人を騙したり裏切ったりすることを抑止してくれる。人も自分も幸せになり、協調性のある関係を作らせるのも、あなたの正しい心である。それはあたかも潤滑油のきいた機械のようなもので、油の切れた音ばかりうるさい機械ではない。

この心の滋養のために、毎日の終わりに半時間は、その日何をしたか反省するように。そしてそこに潜んでいた間違いを、いかに回避できたかを反省すべきだ。

＊＊＊＊＊＊

多くの人は知識や資金のための仕事に没頭している。しかしそれでは欲望の奴隷のようなものである。それよりは、自分のためにいくらかは時間を当てるべきだ。それにより仕事や金銭よりも、多くの幸福を担保できるのだ。自分に静かに向き合うことは、心の滋養であり、それは継続した仕事や集金よりも善いのである。

この心の滋養を、朝に夕に取るならば、仕方のない運命を赦《ゆる》し、その不運を環境や事情の自然な結果として見ることができる。そしてあなたはもしそのような立場で、そしてその性向と環境であれば、やはり同じことをするだろうと考えることだろう。

こうして心の滋養は、あなたの欲望を軽減し、食べもの、飲むもの、そして仕事や人々との面会などの出来事を喜ばしく思うようになる。そのような反省があれば、日々を終える時には、幸せを感じ、それは幸福な生活の輪に追加される。

金銭のみが幸せと考えるのは間違いである。それは幸福のほぼ一〇パーセント程度のことで、心の状態が残る九〇パーセントを作り出している。世間には実に多くの人が利益追求で終始していて、蓄財に成功しても、その心と精神が惨めというケースを見る。

知られているように、預言者スライマーンは地上の宝がもたらされ、豪勢な館が造られても、それでもそれらすべては無駄なことで、心の幸せには無価値だと言った。

多分、子供の心が一番幸せなのだろう。太陽が昇れば喜び、小さな人形に嬉しくなり、遊具が楽しく、空を飛ぶ鳥に感激している。美しい景観や海や山の景色に感動している。大人になるとこういった美しい感性を失い、滋養不足で精神は乾いてしまう。そうして死が訪れると、人生はまるで幻想だったように思えるのだ。

＊＊＊＊＊

広義の愛情ほど、心に滋養を与えるものはない。人への善を愛し、美観を愛し、何でも美を愛し、できる限り人を幸せにすることを愛する、これらすべてが滋養である。

人によっては、何にでもその心の滋養となるものを見つけられる才能が与えられている。花々、水とその流れ、太陽と朝、それに続く月、明るい昼と暗い夜。人によっては、これらは間違った幻想にすぎず、蓄財しか関心がないのだ。あるいは妄欲とそれへの水やりだけに明け暮れている。こういった人たちの心は閉じられ、それは盲目になったのと同然である。

精神生活は何にでも、物質的ではない何か新しい食糧を提供する。科学にも、景色にも、感情にも与えるが、それはそれを味わった人しか分からないものだ。この食糧でもって、その人はその一粒の中に、人々と交わる楽しみに劣らない味わいを時には見出すことができる。なぜならばその心は物質的な心のように、空疎《くうそ》ではないからだ。

しかし残念ながら、今日の世界は発明品や工業製品で満たされてはいるが、他方精神性と抽象性の多くを失ってしまった。少しでもこの精神性が向上していたならば、このような凄《せい》惨《さん》な戦いが諸国の間で起きることはなかったし、残酷な戦争や野蛮な原子爆弾もなかったのだ。

世界はその手と心と理性が均整の取れた格好にならなければ、正されないのだ。その均衡が破れれば、苦難は増すばかりである。それが今日、理性面は強く心は弱いという、二本の手を持つ製造者となっている。そこでかれらに施す薬としては、これら三つの力（理性、心、手）が均衡を取れる方途《ほうと》を見出して、それに従って進むしかないのだ。

【註】精神性の涵養、心の嗜好レベルの向上、愛の広がり、これらが人の成功であり、幸せの源泉として繰り返し強調されてきた。アミーン自身がこの方面に関して特に鋭い触手を持っていたとも考えられる。なおそれらすべては、一応イスラームの枠外での発想になっていること

も特筆される。『溢れる随想』第九巻一四六―一四八頁。アルヒラール誌一九五一年九月。

講演中のアフマド・アミーン

『アフマド・アミーン自伝』

第二章　宗教論

本章は一九四二―四四年の断食月に行われた一二回の講演である。類似のテーマは節をまたがって、幾度も繰り返し出てくる。なお節の副題は、主要論点を示すために訳者が付けた。

★直観

不可視の世界に属する信仰は、幻想ではない。そのためには直観を働かせることとなる。信仰の真髄は最も高貴な感性により、内在世界の頂点に達することである。

人の天性には、真善美を希求する傾きが賦与されている。宗教は真善美を包括し、それらの上部にある精神界であり、それに達する天賦の才は他の三分野のものを超越している。

★信仰

宗教信仰を得ることは、やはりすべての人に与えられた天賦の才によるが、その強弱、大小といった差違も存在する。宗教的感性を磨くのは、精神の浄化を旨とする霊操《れいそう》（リヤーダ）による。

科学に加えて精神があり、理性に加えて心があり、論理に加えて信仰がある。西欧文明の犯した間違いは、人の持つ種々の天賦の才を見限って、科学だけを偏重したことにある。近代文命の欠陥は、心と宗教をないがしろにしたということ。真の宗教は魂を暗黒と恐怖から、安寧と歓喜に導いてくれる。

★科学と宗教

真実は科学でのみ到達できるのではなく、芸術や宗教も異なる側面の真実を明らかにする。結局のところ、宗教と科学は互いに補完しあうのであって、真実探求という点では合致している。宗教における真実への到達方法は直観である。預言者ムハンマドの場合のように、それは詩人、哲学者あるいは科学者とは違って、かれの心に天啓の輝きが閃いたのであって、それは雲が集まると稲妻の光る雷が落ちるようなものであった。

また科学はいかにという方法論を論じても、それは何か、という本質論には答えない。科学はどれほど進歩しても説明できない事象が残り、そのように科学が行き止まりとなったところから宗教は出発する。理性と宗教の最も美しい共同の果実が倫理である。事実、真実に対する愛と敬意は、科学への愛によって高められた。したがって科学の存在が倫理の水準を向上させたとも言える。信仰を正しく強化することにこそ、人生の生きがいもあり、それが真の生きる目的である。

一、精神生活―霊性

人間について一番驚嘆するのは、その命が一つであるということだ。しかもそれは、種々の色合いからなっている。それには植物的な面もある。植物と同じように大地の中に食べるものを探すし、風や季節に左右されやすい。また食料や本能の面では動物的だ。そしてこの動物的な面を、完全ではないが統御するのが理性である。さらにその特性には、本能を導く光の面もある。他方それは、本能などを挑発する悪魔的な火かもしれないし、ライオンよりも狩り好きで、狼よりもずる賢いかもしれない。人間の発展とは、腹の中の植物的、動物的、それから人間的なものの間の繊細な均衡を図ることができるということである。しかしそれを実施するのは難しい。

植物、動物、人間という三側面があるので、数えきれないほど多数の問題に直面して、未解決で試み中という諸問題も多い。植物的な面では、環境問題だ。地上の各地にばらまかれた大地の産物やそれへの需要ということもある。また虫やイナゴなどの危険性や、大気、乾燥、浸水などなど。一方動物的な面では、大きな借金を負っている。まず聞き分けの悪い本能、互いに襲うこと、だから攻撃と防御に努めること、また敵に対抗するため味方同志の協力、またある時は分裂すること、あるいは共同体を作ったり国になったりすることなど。あるいは種別を超えた戦い、飲食物や性的理由の争いなど。それを助けたのは、こういった離散集合を組織化する理性である。それで協力も実験もできる。全般的には、動物的な本能を秩序立てるために、理性が駆使されてきた。

人間的な面では、知識と知見を切望しているということがある。だから生まれた初めから学び、教えるし、後の世代に継承させる。そして言語を創始して、学びの館を作り、そこでは未知を狭めて、既知を広げた。次いでは知識を植物、動物両面に適用して産業を興したが、それは進歩すればするほど問題が多くなり、その制度は複雑となった。社会にはさまざまな職種が生まれ、それぞれが向上を目指した。家庭では子弟が育てられ、それを学校が補足し、産業院では必要な知識を生み出し、国はこれらの異なる諸制度を監督する。またそれらを統一し指導する。

また人には植物、動物、そして理性の側面以外に、霊的な面がある。生まれついてから、人はそれを感じている。理性面には知識があるように、霊的側面には宗教があるのだ。

人は自然と、真、善、美を追い求める。それらすべてが宗教にはあるので、信じるということになる。それからそれで自身と世界を支配する力を感じ取れる。その感覚で最高の精神があることを看取するのだが、自身の魂はその閃きであり、その光の類例であることを自然と感じる。そしてその最高の魂と呼応していることも感じられる。さまざまな方法、宗派、種別、名称、儀礼があるが、それが宗教というものである。文明の初期より最後の段階に至るまで、内心に何か物質的でなく、地上のものではないものがあるとの感覚を、人は覚えさせられてきた。そして科学が発達しても、決して理性と生命の間や内実とその外見の間の関係は解決されなかったのだ。科学者たちは研究して、諸法則を発見した。そしてすっかり科学の虜になったのだ。他方、かれらの多くはその心の中で何か空疎なものを感じていた。この空疎なものは、物質を超える力への信仰でしか埋めることはできない。（最高の）魂がこの力を支配し、その中に命と魂を送り込む。この信仰によってかれらは偉大な魂を感じ取り、精神を拡張し、世界との融合を達成するのだ。科学者たちにしても、科学も支配する最高の魂に、包まれているのである。

人の成り立ちと精神生活

ところで人の成り立ちとしては、それぞれに構成要素の大小、強弱の差異がある。ある人は動物的で、本能的に食べ物、飲み物、服装に関心がある。ある人は理性的で、学者たちに見られる。またある人は、より魂とかかわる。かれらは自身の中に欠けるところを見つけて、それからの解放を目指すとともに、監督されている自分の魂を拡張し向上させて、最高の魂と連携させようとする。そうすればかれらの心は喜び、心を照らす光に似たものを感じるが、それはかれらの魂が熟したときである。かれらは世界を認識するとき、科学者たちとは異なる形で認識する。またかれらは名称や形状の違いは別として、すべてのものの類似性と統一を見出すのである。そしてかれらは外見にはとどまっていないのだ。男女にかかわらず、かれらは人間性を見出し、肌の色や人種の別にかかわらず、かれらは人の単一性を見出すのである。こうしてかれらの魂は拡張され、最後には存在するものの単一性の発見に至るのである。

それがアッラーである。世界はかれらと、かれらは世界と呼応するのだ。そして際限なくかれらの精神は拡大して、そこにかれらの最高の幸せを見出す。そしてかれらの精神を包んでいた暗闇は、徐々に呼応するようになり、最後は輝く光となるのだ。ちょうどそれは、初めは世界地図を見ても何のことか分からないとしても、やがて目は自分の国に行き、最後はそれとの関係からすべての諸国に行き渡るのと同じである。そして地図はすべて理解されて、そうして意味が出てくるのである。

かれらは、物質は幻想であり、野望や欲望は消滅する存在であると見る。そして消滅しない真実である世界の魂と混交して、万物の単一性の感覚をもって、かれらの精神にある愛情は、万物に至るのである。人の痛みも幸せも成功も、かれら自身のものとなり、その失敗もかれらのものとなる。そして最終的には、かれらの望みとして、健康と熟練度に見られる人間性が魂の合流という域に達することを望むこととなる。そこではすべては一つとの感覚、共有される幸福感、そして痛み分けも感じて、共通の幸福のために共同作業に当たるということである。

心理学者たちは当初、こういった感覚を馬鹿にして幻想の一種とみていたが、その後はその通りを信じる者も出てきた。著作も出たし、実験記録を記す者もいた。

精神生活を阻害したのは、多くの戯言《たわごと》や暗示であった。それは預言者ではない虚偽の予言者であり、真の神秘主義者ではない詐欺師や、霊言者ではない麻薬常習者などである。また精神面を阻害したのは、理性面よりも大きかった。というのは、科学の基準は容易にその贋作《がんさく》を判明させるが、魂の事柄はそうは行かない。

人は精神面を成長させて、科学が認識させなかった真理を見出すことが可能である。また科学が強化しなかったもので、自身を強化させることもできる。だから科学一辺倒は間違いで、精神面を忘れてはならない。

東洋の改革者たちは科学研究やその手法、そしてそれに依拠することにはあまり期待できない。というのは、東洋は伝統と戯言《たわごと》に頼って生きているからだ。農工業や商業や教育面では、科学に依拠せざるを得ないのだが、それだけに頼ると今度は、精神面を看過《かんか》することとなる。もし東洋が科学面も忘れずに、精神面に比重を置くならば、西洋を超えることができるだろう。東洋には精神面の長い歴史があるし、西洋を精神的に教導している。科学にはその領域があり、それはわれわれも認めて生活の基礎としなければならない。しかし科学の他に精神があり、理性の他に心があり、論理の他に信仰がある。そしてそれぞれにその支持者がいるが、双方が結集すればどれほど素晴らしく、双方が離反すればどれほど困難であろうか。

英国の小話

大文豪である、ハーバード・ジョージ・ウェールズの「盲目の王国」という面白い話がある。次のように記憶している。盲目の人たちが運命によって、四方を高い山に囲まれた遠いところの峡谷に降り立った。そこで生活して、子孫を残した。かれらも盲目だったが、神はかれらに鋭い聴覚を与えられた。それで環境に適した文明を創り出した。そして自分たちの知識や認識を十分に信じていた。そして山々に囲まれているのが、世界だと信じていた。他方、目の見える男も同じ谷に降りてきた。ある日、かれらに対して、頭上にある青い空のことを話した。また輝く諸星やその光、山々を覆う白く光っている雪のことも。そうしたらすっかりその男は、気狂いだと思われてしまった。だからかれの話したことすべてやかれの視力のことは、その男の詐欺であり欺瞞だということになった。かれは必死になって、かれらこそは視力を失ったのであり、かれこそは目が見えると言った。しかしそうした説明は、さらにかれらの驕慢さを増して、間違いを深くした。かれらは笑いこけて、その男を馬鹿にした。もしこの男に理性があったなら、きっとこのような夢物語や幻想は抱かなかっただろう、もっと現実的な生活や仕事に心を向けていただろう、また聴覚をわれわれほどに発達させて、われわれと同様の道を行き、同様な方途を取っていただろうと言うのであった。そうしてその男の説明がうまく行かなくなったとき、盲目の人たちは、かれの災厄と腐敗の原因は、その両目といわれる二つの穴に違いないと決めつけた。その治療法はないから、それを喪失させなければいけないということになった。しかし幸運にも、この男は峡谷からの逃げ道を見つけることができたという話である。

ウェールズはこれによって政治、経済、社会の指導者たちの、視野の狭さや乾いて古くなった見解にしがみつく固陋《こそう》な姿勢を象徴させたのだ。祖先の伝統に縛られ、自由な思考や広い視野の基礎による新世界の建造を呼びかける改革指導者の声に耳を傾けないのである。

他方、この話はこの世のことすべてを物質とその法則と科学に委ねることを願う人に妥当するものだ。かれらは魂を否定し、アッラーも宗教も信仰もないのだ。かれはこの谷の住人のようなもので、信じるのはそこで信じられていることだけという次第。この珍来の客が耳で聞いて目で見るものは、信じられないとする。心は信じずに、魂も見ることができない。だから信者が感じるところはすべて、幻想であり、欺瞞だとするのである。

人々は知識については、さまざまである。部屋の中に何があるか知りたいと思ったとき、人によっては鍵穴から覗いて、絨毯や椅子があるというだろう。人によってはそれ以上に、扉を開けて入ってその一隅に立って、暗くてもそれで見たというだろう。これら両者のやり方が一般的かもしれない。しかし日中で明るいときに入って、すべての隅を試してみて、何でも実際に試してみて、それから判断するのは学者である。それでも不十分とする者は、部屋を家全体から、そして家は道路から、道路の場所は市全体から知ろうとするだろう。その街の様子は国全体から、国は世界全体から、といった調子である。それが哲学者であり、また一方ではそれは真実の霊性者である。

人と霊性

人間にはさまざまな能力があるのであり、理性やその知的方法はその一部に過ぎない。前世紀（一九世紀）の西洋の間違いは、他の能力を顧みないで科学だけを強化したことである。

西洋の書籍で面白い表現を見たことがある。「科学は進歩を急ぎすぎて、心を何段階か通り過ぎてしまった。だから科学にしばらく休暇を与えて、心がそれに気づくのを待たねばならないのだ。」科学は確かに物質の最奥まで侵入できた。そして世界を裸にして、透明で明瞭にした。その立場から、多くの諸法則を従わせた。そしてそれはそれとして大変結構であった。ところが同時に人間の生活を極めて人造的で表面的なものにしてしまった。その神は、速度、性急さ、そして機械や道具である。そして耳を得たが、目を失ったのだ。両方を獲得しても何の害があるだろうか。そこでこの混雑と速度の中で失った人の精神を更新し、休息と安静を一時間でも楽しめるならば、そこには自然と世界とそれら両者の主が恵みを垂れることとなるだろう。

また人には、芸術、音楽、詩、そして科学を学ぶ能力があるのだ。同時にその人には、精神的な対応も可能である。それは他のあらゆる能力よりも高尚である。誰でも芸術の才能があるとしても、全員が芸術家ではない。歌は誰でも歌えるだろうが、全員が歌手になるわけではない。同様にある程度は全員に霊性があるとしても、真の霊性者は限られている。インドの詩人が言った。「宝石は石だ。しかしどこにでもあるわけではない。白檀は樹木だ。しかしそれもどの森にでもあるわけではない。そして雌象は多いが、像の王者は一匹である。同様に何と多くの人がいるのだろう、しかし本当に真実の人間は少数である。」英才はどの能力であれ、驚異的だ。しかし最も驚異的なのは、霊的な天才である。人は言った。「改革者は文明の落とし子だ。しかし預言者は、文明の父親だ。」

【註】本節は霊性の説明をよくしている。そして最高の霊は、アッラーそのものであるという構図も明瞭である。『溢れる随想』第五巻一―七頁。アルサカーファ誌、一九四三年九月七日。

二、精神生活―頂点

宗教の支柱としては、この見える王国の後ろには、別の見えない王国があるということである。これら両者は全く異なっている。外の王国にはあらゆる物質がある。砂の一粒から、脳味噌の細胞一個まで。鉱物、動植物、人間の外界すべて、農業、工業、商業、社会生活の組織、搾取、収集、支出、予算の統御、公務監督の政府機関、政府と監督する国王や議会など。歴史書に読むすべては、これらの外界の出来事である。内界は、預言者、擁護者、聖職者、天使、悪魔、最後の日、復活、清算・報奨・懲罰、楽園と火獄、魂と啓示、直観と神など。

この内界はさまざまに命名されている。人によっては、未知の領域、不可知な世界、クルアーンでは隠れた世界など。外界は「目に見える世界（シャハーダ）」とも呼ばれている。クルアーンに言う。

「（信者は）目に見えないもの（アッラー、天使、復活、天命など）を信じ、」（二：三）

「かれは目に見えない世界も目に見える世界も、」（六：七三）

「これはあなた（ムハンマド）には見えない消息の一部であり、」（三：四四）

宗教上は、この外界は内界と比較すると、取るに足らないものである。前者は消滅するが、後者は永遠だからである。前者には時間の要素が入って、価値の減少と期限が定められ期間の短縮になった。後者には、時間は入らずに永久化された。外界では、詐欺や虚偽をする者たちは、知識、人間、商業、工業などで嘘をついている。内界でも、イフリート（ジンの中でも屈強、クルアーン二七：三九）のように、詐欺と暗示をしている。また謎掛けや継承された神話（アッラー以外の神を扱う）や星占いや悪魔よけを伝えている。

信仰とは、一部に考えられているように、内界に関する幻想ではない。理性が弱くて幻想に頼りがちであった祖先からの遺産でもない。それはすべての理性や文明や文化の諸段階における必須で自然な人間的精神の一部である。それを否定する者は、自身の論理で自らを否定する。そしてかれら自身の心の中で、（自分を）その論理や感情から切り離すことはできないのである。

人は自然に既知の領域の中にあり、それを掘が取り囲んでいると感じる。そしてこの堀の後ろには、未知の領域があり、それが隠された世界ということである。そしてこの未知の領域に堀を超えて達したいと望んでも、それが叶う人とそうでない人がいる。

外界と内界の認識方法

ところで外界と内界での認識の方法には違いがある。前者は知識といわれるが、それは五感―聴覚、視覚、嗅覚、触覚、味覚―に頼りきりである。それですべての知識、機械、発明品、自然や化学研究、天文、動植物などを知り、さらに最も繊細な物理学や工学上の工程であっても、いずれも五感に依拠している。五感だから比較したり、その比較の結論を出すのに理性を働かせたりする。こうした結論はすべて、感覚的な観測の産物であり、その論理的な結論に過ぎない。これがいつもの科学的な手法である。

他方、内界の方法は、感覚や論理ではない。それは精神的な修練で、五感以外の働きでそれに従って実践すること、そうして未知の世界を認識することである。これが預言者らの霊性者たちが常に取る方途である。ムハンマド、イーサー、ムーサーなどで、かれらは学者の研究のような手法は取らず、五感に依拠し物質の実験や比較をして結論を導き出す学者とは異なっていた。かれらは未知の世界に到達するため、何らかの方法で心の鍛錬をしていた。

見えない世界への努力としては、ムハンマドの場合はヒラー洞窟（マッカ市北部で八五〇メートルほどの高さの岩山の山頂にあり、六一〇年頃そこで啓示が始まった）で、それは学者が見える世界においてする実験に相当するものである。それらは互いに遥かに異なっているとはいっても、いずれも固有の手法である。科学的な方法としては、観察、実験、結論付け、論理でもって科学の課題を究明する。精神的な方法としては、既に言及したとおり、啓示と直観によってある種の霊知をもたらすのである。

クルアーンには、これら両方の仕方について象徴的な話（一八：七八―八二参照）が出てくる。論理と魂の発見の違いである。それはムーサーと正しい僕《しもべ》（アルヒドル）との話であるが、その僕はアッラーから知識を与えられていた。ムーサーは論理に従い、外的な理由付けをしたが、この正しい僕の方法は異なっていた。人々の船を沈め、ある村の男の子を殺したのだ。また別の村では拒否されても子供のために壁を作り直した。これらは論理的には批判されるが、この僕にしてみれば、精神的な直観によって正当化されたのだ（支配者がその船を奪うのを防ぐため、またその男の子は反抗的な不信者なのでもっと素直な子が与えられることを願った、さらに別の村の子供のための遺産が地面に埋められているので壁が倒れないように改修した）。

多くの心理学者は知識や知見の方法は観察と実験に限られるとして、それ以外で得られるものは精神的な病であり、幻想だとしてしまったのだ。しかしそれ以外の霊知や物事も多数知られるようになり、かれらの考えは変わり始めた。つまり通常通りの観察と分析という論理によるもの以外で知るものもあるということだ。論理に従わない認識もあるということで、かれらの方向が多様化し始めた。研究も神秘主義やその心理、そしてその認識方法や霊知に及び始めた。これはまだ科学研究としては始められたばかりだ。しかし真理そのものはどの宗教でもすでに判明している。それはどの時代でも了解されている。

ここから人間性が、二つの領域で称賛されることとなる。一つは外見であり、もう一つは内的なものである。前者は樹木の幹や根や枝のようなもので、後者はそこに入り込んで、種々の機能を作り花や果実を準備する生命である。それは例えば、ロウソクとその照明する力のようなものでもある。

つまり科学にもいろいろあり、社会や政治の歴史、誠実さや信頼や努力や正義などへの呼びかけがあるということだ。だがそれらは外見の世界であり、精神世界は命の中の生活である。それは政府の中に政府があるようなもの。精神世界の滋養は宗教である。滋養が腐ればそれも腐るし、問題なければ問題は生じない。

歴史を通じてこの精神世界の示唆を与えるものは多数ある。ギリシア神殿もそうだが、エジプトの神殿、特に象形文字で当時は身体や物語で象徴される意味合いを示していた。専門家は、それらは象徴として理解したが、民衆はそれが現実だと理解した。こういった事情は多くの諸国の歴史や宗教に見られる。

内外の生活の未知を探るには、四つの分野があったが、いずれもその自然と性格に適切な方法を取った。それらは、科学、哲学、宗教、そして芸術である。しばしばそれらの間では方途について争いが生じてしまった。そういった係争があるということは、まだ本当にはその任務を理解していなかったことを示している。そしてどれもが他の領域に立ち入って、専門分野を犯してしまった。もしその状況を飛行機から見たなら、それぞれは固有の方途であることは明らかになっていただろう。それは道標からわかるのだが、同時にすべては真理という一つの領域に注いでいることも判明する。もしそれぞれが境界を侵入しないで進んでいたなら、各自別々に同一の真理に達していただろう。この真理は、それぞれの方途が最終的にその専門領域について明らかにするという保証になる。そこでは内外両世界が明らかにされるのだ。見える世界と見えない世界だ。しかし残念ながら、われわれが知っている通り、科学は宗教を攻撃するし、その逆もある上に、哲学はそれら両者を攻撃する。道を失い、真理には目が開かれないのだ。

科学は、既に述べたが、観察と実験に基礎づけられるが、それは見られて試みられるものに限られる。そこから隠された世界へと壁を乗り越えたいなら、その道具を忘れることを意味する。そして意味のないことを口にして、慢心が生じれば、その壁の背後にあるものを否定するという始末である。

信仰の頂点

宗教の柱は、啓示と霊操《れいそう》などを通じて見えない世界に魂が達するということである。そして最も高貴な感覚で最高の力に達するということである。もしそれが霊的領域を超えて科学的領域に踏み入れることであれば、科学を説明したり照明したりするだろう。あるいは科学者の研究や成果を否定するかもしれない。そうして自らの役割を超えることになる。他方、科学が宗教を論理で証明し始めるとすれば、それはキリスト教であれイスラームであれ、神学者のようになる。しかしそれは哲学でもなければ宗教でもない、いずれの味わいもないような、つまらない哲学を持ち出すことにほかならない。それらはいずれも、目で匂いを嗅いで、耳で聞いて、鼻で味わうようなものである。

芸術

文学や音楽や絵画といった芸術は、基礎として感情的な理解がある。そして外見の背後にあるものへの感性もある。物事の中核やそれらと芸術家の感情や情緒との混交、さらには芸術家の性格との混交に到達もする。そしてそれらを調和した姿で表出し、高貴さと高尚の感情を啓示する種々の絵画や色彩を創り出すための創造者の力の表現の基礎となるのだ。腹の中は見ないで外見だけで終始し、あるいは冗談や馬鹿げたことで十分ならば、その人はまだ使命を果したとは言えない。それは最も些細なこととされるだろう。また名士や資産家からの金銭収入だけで満足するならば、あるいは性的な挑発だけの手段であるならば、低俗な商品に過ぎず、それに精神的な高邁さはない。

哲学

哲学の基礎は、熟考と論理的な思索であり、知っていることを説明し、それと知らないことの峻別である。そしてそれから科学、芸術、宗教の根幹を認識することである。ただしそれが言葉の遊びに過ぎず、哲学者としての意見や感情の提示で、他の哲学者たちの意見や感情との対立だけであれば、それでは使命を果したとは言えない。それは言葉だけであり、形式、あるいは対話をしているに過ぎないからだ。またそれは盲目化であるし、妙で大仰な発音に包まれた駄洒落に過ぎない。

本当の文明は、これら四つの側面がそれぞれの限界の根本を示し、その道のりを描いているものである。互いに均衡を保ち、どれ一つも他を牛耳《ぎゅうじ》らないためである。どれもが専制的でなく、慢心していないことが重要である。それはどれにも、改ざんや変更や誤謬が入り込まないためである。
どの人の精神にもこれらの四個の要素があるが、それは人により分量、充足度、実効性、受容度が異なっている。世界の全体的な精神も同様であり、これらの要素があることは明白である。それらが全体で、あるいは個別に、文明の姿をなしているのだ。現在のわれわれの文明の腐敗の原因は、これら四要素の不揃いということである。またその諸要素にも腐敗がはびこっている。

科学

科学は日進月歩であるが、人の心はどこへ行ったのか？　この世は機械や道具で一杯だ。また政治的・社会的・経済的な諸理論も、汗牛充棟《かんぎゅうじゅうとう》である。ただそこには二つの欠陥がある。第一は、自然界は物質的であるので、科学者は高慢にも物質的な道具で物質の背後を調べ始めた。そしてそこに心が見つからなければ、それを否定するのだ。第二は、精神は科学ほどには進歩しないし、それどころか遅れるばかりであった。そこで科学的な進歩を延長して、野蛮な本能のためにも使用し始めた。もし野蛮人が石や杖で殺していたとすれば、科学は電気、潜水艦、航空機、窒息ガスで殺すのだ。野蛮人は敵の捕虜を奴隷にしたとすれば、文明人は攻撃し、征服し、搾取し、不正な方法で奴隷化するのだ。一つの国に、実に種々の奴隷化が見られる。娯楽や快楽もそうで、踊り、音楽、遊戯などで向上した面もある。だが野蛮人と文明人の本能と動機は一つだと言えよう。科学は形態を整え、手法を調整したに過ぎない。そして文明の偉大さというものは、野蛮人の家族や部族の擁護の拡大版であり、それが戦争の準備であり戦意の強化ということである。心の動機を強化しないのが科学であり、旧態を温存して外形を向上させる。こうして文明は、覆われた野蛮性であり、言い換えればそれは、銀箔の獰猛《どうもう》さである。

現代の宗教は、外見であり、教えを垂れるものではない。心抜きの作業であり、儀礼であり感性ではない。魂抜きの活動で、関係者は文明的権力の従者であり、精神生活の指導者ではない。地上ばかりを目で見ていて、天上を心で見ているのではない。

芸術は野望の始動であり、富を集めるものとなり、民衆がそのお笑い劇のレベルに留まるための努力に過ぎない。

われわれが見るこの最悪の破壊や不安と混迷は、その究極に達したのであろうか？　地震と不穏さは世界を逆立ちさせ、魂のない文明に革命を宣言して、その破壊の屑から魂のこもった文明を構築できるのであろうか？

そうなることを、切望せざるを得ない。

【註】本節は、信仰の絶頂点を示した内容である。実体験を踏まえたものであり、言葉を使った説明としては、イスラーム文献では最良の部類であろう。また本書第三章にある、文明論へとつながっている点は、アミーン独特の展開と言えよう。『溢れる随想』第五巻八―一四頁。アルサカーファ誌、一九四三年九月一四日。

三、精神生活―インドの逸話二編

今週、インドの象徴的な話を二編読んだが、細かな描写で面白かった。また幅広い包括的な刺激も受けた。

三羽の鳩の話

一つの話のまとめは、次のとおりである。人間は当初、弱さを感じて主を知ったとき、救いを求める叫び声を方々に聞いた。何かなと思って考えているうちに、暗い気持ちになり不安に駆られた。そして夜になると夢に見たのは、最高霊がかれに話しかけて、もし私の贈り物を受け取るなら、あなたの不安は解消されると言ったのだ。そしてあいまいだったものは明確になり、暗さは明るくなるだろう。私はあなたのために、白く輝く三羽の鳩を創ったのだが、その名前は信仰、希望、愛情というものだ。もしあなたがこれらと一緒に住み慣れて、住まいも安全ならば、あなたの心には力が保証される。また心には真実を明証する火が与えられ、善に導かれ、幸福が訪れるだろうというのであった。

そうしてかれは眠りから覚めた。そうしてその住まいに三羽の鳩がいるのを発見した。それらは人々に親しみ、馴染んでいたが、それも長くは続かなかった。人間の方が親しくなくなり、誠実ではなくなって、軽視したり無視したり、さらには追い出すために、石を投げる始末。鳩はすっかり消沈して、元来たところへ飛んで帰って行って、祈願した。

「賛美される主よ、地上でのあなたの創造にはがっかりしました。ちゃんと受け入れてくれないし、見るのも嫌だという人もいるし、軽視して追い出したのです。あの土地は、本当に仕方のないところでした。主よ、私たちがあそこで住んだことを、あなたがお赦しになり、あなたに私たちを近づけ、あなたの天上の住まいを許されますように。そして痛みや苦難から解放されますように。」

そこで主は、初めの信仰という名の鳩に言われた。「それは叶わないこと。天国にはあなたの住む所はない。そこの住民はすっかり霊知を得て、かれらの信仰はもう溶けてしまい、真理は明らかとなった。かれらは隠れたところから、明澄《めいちょう》な所に移ったのだ。だから地上に戻るのだ。そこでは人があなたを必要としているだろう。あなたに能力を与え、あなたを良く受け入れた者は幸せになるが、あなたを傷つけ追放した者は私を知らずにいるので、心は暗くなり生きているのが苦しくなるようにした。」

「次に、希望の鳩よ、あなたにも天国という希望をすべて叶えた人のための所に、住まう余地はない。だから人間のところに戻るように。私はあなた方に、力を与えたので、人間の不安には癒しとなり、その試練には助けとなり、死の側にいても怖がらなくてもよいようにした。」

「最後に、愛情の鳩よ、あなたにはもう一つ別の立場がある。あなたには天国に居所があり、そこで快適に過ごすのだ。そして信仰と希望という二羽の鳩と一緒には、地上に戻らない。だがあなたなしでは、命はない。そこで天国もあなたを必要とするから、あなたには地上と天国を一瞬の間に行き来する能力を与えよう。そして消滅の民と生存の民を一目で気が付くようにしよう。そして地上であなたを愛して親しみを覚える者には、天国であなたに会うことを願うという報奨を与えよう。」

三羽は命令に服して地上に降り、人々の阻害を耐えた。最後の愛情の鳩は、行ったり来たりした。かれらの主が約束されたのは、実際のところは、信仰に親しんだ者の安寧と、それを追放した者の苦労である。そして希望を胸に抱いた者は傷を治癒し、それを追放した者には苦痛がある。最後に、愛情を抱いた者には幸福が、そしてそれに扉を閉じた者には苦難がある、という次第である。

＊＊＊＊＊＊

本当のところ、これらの三羽の背後にある宗教とは何か？

信仰はわれわれが感じることの後背にある。科学や論理といった感覚的なものを実際の価値以上に評価することを克服して、自然の内側に気を配ると、自分の奥深くからアッラーに呼びかけるのである。われわれはそのとき白い鳩を見ることを切望するが、それが信仰である。信仰を失った者は、理解できない事柄をさまざまに命名している。それは、自然、運命、能力、未知、世界の理想などなど。このような多種の名称があるとしても、名付けられたものは一つであり、それが至高なるアッラーなのである。

希望は宗教の強い要素である。それはアッラーの慈悲の寛大さに依拠している。どの宗教にも、希望と恐怖の両側面がある。どの時代にも、希望の側面を強めた人と、恐怖の面を強めた人がいる。私は希望に傾く。それは仕事に向かわせるし、生活により向いている。安寧に近いし、正しい仕事への努力を尽くすようにとの願望を開いてくれるからだ。私は、ハサン・アルバスリー（七二八年没、著名な初期の禁欲主義者）らの方法は好きではない。かれらは心に畏怖と恐怖と恐喝を満たして、心を麻痺させた。そして愛情を追いやり、生活を乾いて悲しく軽蔑すべきものにした。クルアーンには、次の言葉が繰り返されている。「慈悲あまねく、慈悲深いアッラーの名において」。慈悲とは希望と愛情の発信地であり、それは恐怖と畏怖のそれではない。

希望なくして、何が人生だ、何が宗教だ。ある無宗教の大学者が亡くなった。そこに何人かかれの友人がいて、その一人がかれに、無宗教でいるようにと言った。「恐れるな。終わりに近づいた。だからしっかり（信念の綱を）握って、力強く頑張れ。」そこでもう一人の参列者が言った。「ああ、しかし力強くするものもないし、依拠するものもない。私には望むものがない。もう一つの命に幸せとなる希望もないし、周囲は暗闇だけだ。」

愛情は宗教の柱である。宗教に希望はつきものであるが、恐怖はそうではない。恐怖は悪行を逃れ、儀礼に従わせる。それは権力を恐れて、罪を避けさせる。だが宗教での愛情は、希望も恐怖もなしで済ませることができる。

愛情の鳩は一番美しい姿であった。その動きはスマートで、人はその美しさに惹かれ、それが真実かどうかは問題ではなかった。そして多くの銅像が建てられて、それを愛情と命名したが、そこに魂はなかった。人は毎日のように、つまらないことにもその名前を悪用するのである。あるいは、何もないのにそうする。愛情が天上に飛び立つときにそうなるが、時にその真実を理解する少数の人たちの（宗教に対する）親近感の源泉でもある。

＊＊＊＊＊＊

人形の家の話

二つ目の話は、遠い所に住んでいた女性悪魔の話である。かの女は毎日楽しく過ごしていた。ところがある日、人間の地上に降り立ち子供を産んだ。子供たちは遊びたくて人形を作ったが、自分ほど大きい家も作った。そこへ母親が来て人形を見たが、その家の扉は自分には小さいことに気付いた。そこで悪魔的な考えだが、かの女は自分を部分々々に分けてそこへ入れることを考え付いた。まず指を、次いで頭を、そして心臓を分けて入れていった。そうして全部の部位が入ったら、中は狭くなった。互いに接触して、戦いまで始まった。それぞれが所有権を主張して、場所を巡って紛争になった。自分の領土を占有させたり、互いの領土に近くなったり、あるいはそれと接したりする始末。そのうちに一部は外に出たがったが、その方向に他の部位があった。それはさらにほかの部位との接触を避けるために、その道を開けるのを拒否した。こうして人形の小さくて暗い家の中に、全部位が閉じ込められてしまった。互いに押し合っても意味はなく混乱と戸惑いが広まり、各部位は視野も身体との関係もすべて失ってしまった。そのとき、心臓が脈を打ち始めて、他の部位との間で説教を始めた。「あなた方は全員、私から出たものだ。そしてあなた方の状況は悪くまた混乱気味なので、助言をしましょう。そうして混乱を収めましょう。この事態の行き詰まりを打開するために、助けを出しましょう。私はあなた方の羞恥心や圧迫感を知っている。だからその羞恥心を解消しましょう。」

他の部位が言った。「われわれは今の場所で結構です。何も心配していません。」心臓は言った。「それは分かりました。あなた方は不正に慣れて、それを称賛するようになったのです。また狭さに慣れて、それで安心していられるのです。しかし私と一緒に外の光の下に出ると、ありがたいと思うのは、狭さの後の広さだからです。」

そしてついに各部位を集めて、一つずつ外へと導いた。それからそれらを、一番格好よく整列させた。

心臓がこのように言ったのは、そうすれば各部位は自らの一部で、全部位は心臓から分離しその周辺に集合していることがはっきりするからであった。そして（外で）全部位を自分の所へ戻して、体としてそれぞれがしっかりおさまって、以前そうだったように一つにさせたのであった。

心臓がこのように呼びかけたのは、愛情の住まいだからである。それだけがその光で照明できて、その火で溶けて、それだけが愛情が触れたときにも、忍耐強くし、謀略に耐え、寛容で犠牲心があるからだ。その活動は、全員のためにするものである。

＊＊＊＊＊＊

われわれの世界は、人形の家のようなものではないだろうか？　アーダムとハウワー（イブ）の子孫として、一つの身体であった。しかし各地で分裂して、所有権を争った。そしてそれを占有して、結局われわれが一つであったことを忘れてしまった。自らの行き先を封鎖して、各部位は独立を主張して、自分以外は不要というのである。

世界はいつもこのようなものであり、分裂後の集合、傷害後の治癒のため、全体を集める唱道者を待っているのだ。この唱道者とは、時代がときどき生み出す偉大な精神で、それは岩石の中の宝石、あるいは樹木の中の白檀のように、珍しい中でも珍しいものである。

この精神は人々と共感し、その重荷を背負い、人々を力づけるものである。それは将来を織りなす仕事をして、新世代のために新たな考えを生み出す。手錠が重すぎるとして民衆の不満を聞き遂げるが、指導がまずければ救済も試みる。そしてその拘束を解くのに最良のものを提供して、かれらの理性を解放する。この世界精神は哲学者の石に出くわすが、この哲学者は人々の鉱物を純金に変貌させた。それは言動によって、引き潮から満ち潮に世界を動かし変貌させた。またそれは崇高な目的を愛情の火の光の下で見て、何事も恐れない。そしてその目的は、右や左のよそ見はしない。途上で出くわす偶像を廃棄するのは、それが人々を障碍者にするからだ。世界精神は、人の情熱や希望を満たす人間的な歌謡を歌い続けている。

【註】白い鳩が三羽いる話は印象的だ。イスラームでは、愛情はアッラーが好ましいと思われる方向に人の心を向かわせる力であるとされる。だから信者が愛するとは、動物的な愛情ではないし、それは信仰があっての現象である。しかしここでは、「愛情は宗教の柱である」とされるので、それはインド風にアミーンが解釈しているということになる。『溢れる随想』第五巻一五一―二〇頁。アルサカーファ誌、一九四三年九月二一日。

四、精神生活―心の寛大さ

人々の心は、広さと狭さでさまざまだ。それは部屋、家、住居にいろいろあるのと同じだ。狭いのは針の穴のようだし、広いのは世界を包み込むほどである。

心は元来狭いものだが、五感の訓練で拡張される。だから教育の功徳は、心の拡張である。新たな学科は心を拡張させるとともに、関心事も拡大させる。歴史書を読めば、それだけいろいろの世代の世界への感覚も磨かれる。諸時代を通じて、われわれの心も通じるようになる。それぞれの時代の英雄のことも知るし、それは大変に良い学習となる。植物に関する学習も同様であり、新たな苗が育てられて、植物学はわれわれの成り立ちの一部となる。地質学、天文学、生物学や化学などどれをとっても。無線でわれわれの心の受信機に送信してくるようなものである。その世界を知っているほど、心は広がり、受信できるようになり、世界との交信も可能となる。

人の知識はその人の心を広げる。だから例えば、技師は建造物について普通は知られていないことが分かるし、木材、石材など素材面でも、あるいは図面などからも通常は想像もされないことを想像できる。また計画から、大半の人ではできないようなことを実現する。こうして普通の人と専門家の間の距離の大きさは、例えば、音楽家が聞いてわかる範囲と、通常の人の耳で聞きとれるものの違いでもある。ましてや、普通は新たな旋律を作曲することなど思いも及ばない。

心の拡張

心の拡張にはいろいろの方法があるが、一つには物質的なアプローチである。大工、鉄工鍛冶、商人、農民など、それぞれの分野で現業が成長させる。そしてそれぞれが改良を夢見て、心の広さで創造と改良の力が生み出されて行くのだ。

人が何であれ着手して接するものは、その人の一部である。家、家具、金銭、資金など、自分と一体である。攻撃を仕掛けたら、それは自らを攻撃していることになるし、家、家具、仕事を悪く言えば、それは自分を悪く言っていることになるし、称賛すれば、それは自己の賛美である。

以上のことは抽象的なことにも妥当しており、心の拡張と幸福というのは、ある種他の心との接触である。狭量さや不正は、他に親しめる心を見出すと慰められる。そして二つの心は、呼応することの楽しさを覚えて、両対の調和を喜ぶのである。これが友情からの幸福であり、幸福は愛情にほかならない。二つの心は一つとなり、他者の幸せを喜び、他者を補完する。他者から力を吸収するのであり、両者は混交しなければ生み出せないものを産み出すこともある。二つの要素が一体となり、新たなものへと変質するので、それは二つが分かれたままで接触しているのではない。

預言者や改革者の仕事は、人々の目的を一つにまとめることである。かれらは統一の教えを守り、預言者や初期の改革者たちは、一つの心でまとまっていた。それぞれの心が他の心を了解したので、まとまった心は広大なものでもあった。そのまとまり方は驚異的であった。明朗な指導者たちが称賛するのは、社会的・政治的・人間的な諸制度がこの真理（単一であること）を認識していたことである。諸目的の間にある統一で心を拡張することも果たした。また諸力間を調和させて、民族主義、宗派主義、宗教主義、国家主義、人種主義、言語主義などの分裂要因も克服された。そうして心の幅は広がり、すべてが人間の善へと向かった。そうすることで人間社会と文明は史上最大の飛躍を成し遂げた（イスラームの世界史的発展のこと）。というのも、歴史を通じて、宗派主義、部族主義、国家主義などがはびこっていたからである。地理的な境界線や、民族的・人種的な紛争、宗教対立など、すべては心の狭さのなせる業であった。

寛大さ

宗教の利点の一つに、心が寛大になるということがある。イスラームでは、胸が開かれるという表現である。胸が狭くなった人というのは、運勢が逆行していると感じ、それが顔にも表れて、行く道はいつも阻害されている。宗教は、この感覚を除去し、胸を開き、心を拡張するための保証になる。信者はある力がいつも支援してくれていると感じる。困難は消えて、未知からの障害も限界もなくなる。時間と場所がなくなる感じは、隠れた世界が開かれた世界に移されるからだ。初めの世界から次の世界へと連携することは、大いに希望を与えて、何もその目を遮るものはない。幸福と喜悦、そして安寧のあるより高い世界へと惹きつけられるのである。

真の宗教は心理を変えて、狭く限界ある世界から広くて無制限の世界へと移動させるのだ。それが、偶像崇拝者たちがイスラームに移ったときに生じたことであった。（正統カリフの）アブー・バクル、ウマル、ウスマーン、アリーらと、イスラーム以前のアブー・ウバイダ（六三九年没、初期の教友）やハーリド・ブン・アルワリード（六四二年没、軍司令官）の大きな違いを見よう。ムスリムとなった後と、その以前を比較すると、何と大きな違いがあることか。信仰はかれらに心の広さと心の力を与えたのであった。もちろん当初の時代でも、偉大な軍司令官に集結して、無知時代のアラブも勝利はしていた。

イスラーム以降のかれらの勝利は、二つの勝因による。一つ目は、初めに軍指導者の選択で一致していたこと。二つ目は、教義として、かれらにはアッラーに援護されているとの感覚があった。宗教がかれらの道を開いたのであり、任務への精神で満たし、宗教がかれらの心構えを正したのである。弱気を勇気に変えたし、ケチを気前の良さに、そして疑念持ちから、信者に変えた。また裏切りから安心信頼へ、懸念から安寧へと変えた。以前は幻想や偶像の怒りや喜びなどに取りつかれていたし、また慣習や伝統がかれらの理性を麻痺《まひ》させていたし、精神を拘束していた。かれらの精神は、単一の主を何よりも信じ、善で喜ばれ、悪で叱られるようになり、大いに精神的に向上したのであった。信教の腐敗は、心を狭くして、広く高いその世界に覆いをかぶせるような教義が発達したからだ。作りごとを信じるようになると領域は狭まり、畏怖や地獄の火や懲罰に恐れを持つときには、その状況は危うくなる。

腐敗の原因

宗教を腐敗させた最大の原因の一つは、私の考えでは、宗教家たちが至高なるアッラーについて、あまりに恐ろしい姿に描写したということである。慈悲あまねく、多くを赦すという自らの描写とは異なり、恐喝の描写は生活の恵みを奪い去ったのだ。笑うと罰せられる、よい食べ物は善悪の清算の対象だ、歌舞音曲は禁止、生活に喜びや楽しみはご法度という次第。これでは一体全体、何なのか？　これでは心を腐らせて、生活に不向きな良くない性向を創り出す。真の宗教とは、この世とあの世へ向けて開放されているのだ。その基礎は、人を愛されるアッラーを愛するということである。あの世にもこの世にも、楽園がある。知恵も過剰となると、馬鹿げたこととなり、生活を破壊する。

真の宗教は心に喜びを、そして精神に活動をもたらす。悲しさと恐怖心は、心痛となり、精神を麻痺させて、嫌気を生じさせる。宗教家が信者に対して描く信者の姿は、残念ながら、卑下して頭を下げたものである。その心は恐れで満たされ、あの世を目指して現世ではあの世の成功を得ようと禁欲に努め、死の前後の恐怖心に浸り、それでいてこの世の快楽を希望して、あらゆることで自分のために計算づくで、現実生活は過ちの元凶とばかりに振り向かず、他の人の権利を無視してさえも宗教儀礼に没頭し、美声やきらびやかな服装からは逃げて、また清潔さや冗談も避けて通る。

これが宗教家たちの描いた信者の姿なので、さらに追加されたものも含めて、すっかり視野も心も狭いものとなった。それでは成り立たない。活用するのではなく、活用されるばかりで、統治するのではなく、統治されるだけである。低いばかりで、誇りはない。それではこの世で苦しみ、あの世でも幸せではない。もしアッラーがわれわれにあの世だけのことを望まれるのであれば、この世は不要となりそれを短縮されていただろう。

正しい姿は、アッラーを恐れるのではなく、愛するということである（キリスト教で神が人を愛されていることをまず強調するのとはかなり異なる）。そしてアッラーへの愛からして、人々を愛するのだ。そして現世にも来世にもその心を開き、信仰を人々の幸せや負担の軽減と連結させて、笑い慰め、礼拝し仕事で秀でて、アッラーおよび人との関係を良くし、生に笑みし、宿るところである死を受け入れ、この世と来世の最高地点で優れることを善とし、この世で頭を上げてあの世でもそうして、人間性とすべての存在を受け入れるほどに心を広げ、信仰は心の中であり、外見ではないこと、それは儀礼だけではなく取引もあり、アッラーの下で最高の人は人々に善である人。腐敗する前の当初の宗教とはこのようなものであった。後代に染まる前の篤信家とは、こうであった。もし宗教というものが最近時の姿であるならば、人々は解放されず、勝利せず、誇りは持たずに、隣人の餌食となっていただろう。そして侮辱されていただろう。

初めの方の姿はみすぼらしく、心を惨めにさせる。それを今の心理学者は、劣等感と呼んでいる。他方、後の方の姿は、高尚なものがある。劣等感は自信もアッラーへの信頼も目減りさせるが、高尚さはそれらを高める。人の心には、いつも自然の諸法が働いている。心からその安寧さを取り上げ、恐れで満たし、生活を享受させなければ、心への敬意も力も喪失させられる。所要の金銭も与え、環境を整えて能力と偉大さを感じられるようにすること。恐怖の神に仕えるのと、愛して慈悲深い神に仕えるのとは異なる。また愛して慈悲深い父親の息子と、恐ろしく脅かす父親の息子とでは、何と大きな違いがあることか。

正しい信仰

正しい信仰は、感情に高尚さと高邁さをもたらす。また何か欠けているとの印象を補うものである。宗教といえども、腐敗するとそれとは全く逆である。正しい信仰は心を「黒色」や畏怖から、安寧と幸福へと導く。それは心を寛大にし、心と人との間の全てを見ている。また心と全被造物の間の全てを見ている。それは主をアッラーとする、一つの家族のようなものとして見ているのだ。

偉大な精神は見えない世界と通じて、何倍にもその視野は広がるものである。それは否定できない事実である。知識を得てはさらに説明する、これは世界でも天才と呼ばれる人たちである。偉大な作家や芸術家たちであるが、かれらは見えない世界と通じることができる。本を書いたり考えをまとめたりしていると、震えだし動けなくなるという。それは急に扉が開かれたようなもので、自分と異なる世界と通じた瞬間である。見ていなかったものを見て、直観や含蓄や思想が溢れ、物語や著作や詩や絵画や音楽が、自らを創作しているようなものである。

こういう啓示にはそれぞれ異なった方法で対処している。精神的な方法で、受容可能にしている。それは孤独であり、精神集中である。誰でも偉大な人と同席すれば、その能力には驚かされるが、思想は溢れ、それはまさしく降ろされる啓示なのである。それから力が噴出して、それを読んだり聞いたりした人を襲うのである。こういった世界の偉人たちの精神は、物質世界とは比較にならない精神世界と通じるのである。

もちろん誰であれ、人にはこのような啓示を受けるための準備はあるはずだが、しかし種子でも種子のままなのか、それとも大気と栄養に恵まれて、根を張り幹と枝を伸ばし、花や果実までつけるのかという差異がある。正しい教育と宗教教義が栄養を与えて、心を生育させ、自身を完成させて視野を拡張できるようにするものである。

【註】一九四三年最後のラマダーン講話であり、種々のテーマが流れ込んでいる。他方それは全体の展望とバランスも示している。明朗で建設的な信仰の在り方を希求していることが、逆に現実はそれからかなり距離があると見られる。これは換言すれば、知的闘争の一端である。『溢れる随想』第五巻二〇—二六頁。アルサカーファ誌、一九四三年九月二八日。

五、科学と宗教

各時代にはそれぞれ大小の波があることに気が付く。詩が大きな波であったのは、ジャーヒリーヤ時代のアラブ、ホメーロスらのギリシアであるし、哲学が波であったのは、ソクラテス、アリストテレス、プラトンらのギリシアであった。中世のイスラームやヨーロッパでは宗教の波があった。それが一九世紀には、すべてを覆いつくすような、科学の時代となった。

　また過去の諸時代では、これらの波は地域的であり世界的ではなかった。あるところで詩が強いかと思えば、他のところでは哲学であったりした。しかし今ではそれも確実に世界が結ばれて、国境はなくなり距離も短くなった。そして波は世界的となったのだ。だから一九世紀にヨーロッパで科学が伸びて宗教が弱まると、この傾向は世界を覆うこととなった。科学が東西をまたがって広まったのだ。同様に宗教の弱体化も東西共通となった。ただしその弱体化は、西では努力の結果であるが、東では模倣のためだったかもしれない。イブン・ハルドゥーン（一四〇六年没、高名なアラブの歴史家）は言っている。敗者はいつも勝者を模倣することが好きなのだと。

　一九世紀にヨーロッパで科学が伸長し宗教が弱まったが、そこには科学的な方法が確立されていた。まず自然を観察すること、そして理知的に分析し、諸現象を関連付けて、実験も経てから、そこに仮説を設けるということである。実験の結果、誤りであればそれは破棄されるし、正しければ新たな情報として追加されて次の知見の基礎となる。観察、実験、立証という手法であるが、その際には昔のガレノスやアリストテレスなどのことは気にしないし、あるいはさまざまな宗教書や教会の決めたことも同様であった。つまり実験室で試験したこと以外は、受け入れないのだ。こうした手法で幾千もの発見をして、それは日々の生活にも役立ち、またヨーロッパ文明を構築したのであった。自然の諸法則も無数に知ることとなった。生活がこれらの発見によって影響されるようになると、人々の科学への敬意や評価と賛辞は増大した。またその結果として、地上のことに執着して天上のことは忘れるようになった。それは物質的で、精神的ではない。この世であり、あの世ではない。

宗教の弱体化

ところで科学者たちの研究は、宗教を攻撃することでもあった。人々がかれらの言うことを信じたのは、かれらの成果を信じたのと並行していた。そうして宗教の弱体化がもたらされたのだが、その話を少し続けよう。

世間を最も騒がせたのは、コペルニクスの地動説であった。それで物事の価値観が逆転されたのだ。それまでは、地球が全存在の中心で、太陽や星々はその周りをまわっているのだ。ということは、星々は地球のために創造されて、地球は人間のために創造されたと考えられていた。そこで全世界は人間の手段であり、快楽であった。そこへコペルニクスの見解が登場して、地球とその上の全てはつまらない些末《さまつ》な存在ということになった。それは人間の利己主義と自分を偉大と見なすことを打破したのであった。他方宗教人は、それが教えに反するというので拒否した。

次いで登場したのが、ダーウィンであった。かれは人間の偉大さの感覚に終止符を打った。世界は連続した遺伝で説明し、人間はそれ自体で創造されたのではないというのであった。世界は鉱物、動植物、そして人間から構成されており、それらは互いに連結されており、また進化するとして、人の持っていた世界観を変貌させた。人間観も変わった。環境と生存競争、弱肉強食や適者生存などの原理が生物をより高度にするという機械的な見地が世界を闊歩《かっぽ》して、世界は自らの力で製造するという宗教の経典に反する内容となったのであった。

ダーウィンの学説の後、天文学に続いて地質学が出てきて、地球は太陽から分離されたものだと言い始めた。そのために地層を調査したのだが、その種類は連続して変化し、それが形成されてまた生活に適したものとなるために、何百万年もかかったというのだ。さらに生物学が発達した。そしてこれらすべての宗教への影響は大きかったし、少なくともその説明振りへの影響は甚大であった。

＊＊＊＊＊

自然科学の発展と同様、歴史学も発展した。遺跡の発掘、諸言語とその文献の研究、科学の手法に則る歴史学の方法も定められた。古文献批判も進展し、例えばホメーロスの詩は一人の一時代の作品ではないことが確認された。それは幾時代にもまたがるもので、何人もの詩人が関わっていた。ギリシア、ローマなどの歴史も明らかにされて、史料の内容が本当のこともあれば、そうではなく神話であったことも示された。

さらには諸経典も対象となり、律法や福音書が取り上げられた。創世記など、いかにして成立したのか。そしてそれはいつ頃であったのか、といった調査研究の結果はすべて公表された。拒否されたり信頼されたり、あるいは手法や関連の出来事が批判されたこともあった。その時代が明らかにされたりすると、人々の心が静かでなくなることもあったし、特に文化人には衝撃もあった。

人々が科学に傾いて行く中で、教会関係者の立場は難しくなった。経典のテキストやその解釈、そしてさまざまな遺跡に固執したが、それは物事の内も外も含み、全体も部分も含んでいた。権威が自らの手中にある間は、科学者たちの理論を拒否し、あるいは迫害もした。人々は科学者と教会関係者を天秤に掛けて、前者に軍配を上げたのであった。後者の多くは、拒絶に会って、無関心や儀礼の廃止に追い込まれた。社会的にも精神や信仰の欠落した状態が広まった。こうした調子が一九世紀ヨーロッパには広く見られたが、それが東洋、そして世界に拡散されたのであった。ヨーロッパの文明は科学が宗教を追いやる格好で進められた。またそれを模倣する風潮も世界各地で見られた。

＊＊＊＊＊＊

科学唯一主義ではないこと

ところが宗教者に間違いがあったように、科学者にも間違いがあった。科学者は（科学への）信仰を過剰にしつつ科学の法則を振り回したが、それ自身時間はかかるとしても、常に変更を余儀なくさせられるものである。科学的法則とはいつも事実と見なされる諸原理に基づいて構築される。しかしこれらの諸原理自身が間違いを免れず、その間違いに従って成り立っている法則にも間違いが生じてくるのだ。そこで新事実や新たな原理の発見に伴って、それまでは受け入れられていた事実を消去したり、修正したり、あるいは向上させたりするのである。こうして科学は常に継続される運動であり、変更の継続なのである。

科学者は視野を広くしなければいけないし、胸襟を開いて新発見されるすべてを受け入れなければいけない。正しいことは、正しいとしなければいけない。見解を改め、真実への信頼も修正を余儀なくさせられる。時には基礎的な発見があれば、それは大きな影響を与えることになり、諸見解や諸原理に変更を迫るものもあるだろう。部分的な発見で、部分的な影響しかない場合もある。これが科学の歴史であり、原理は永遠の事実であるとするのは過剰な信仰であるということになる。それはテキストを硬化させた宗教家の間違いと同じような暴行である。

もっとひどい科学者の間違いは、観察、実験、そして証拠という手法は唯一なものであると考えたことである。世界の全ては科学で解決され、科学の方法に則ると考えた。確かにその手法によって正しく世界の車輪に向かうことはできるかもしれないが、しかしそのエンジンには迫れないのだ。思考を詳細にして深める人は、その研究を車輪という物質で止めずに、その背後のあるものに迫るのだ。

科学は物質には正しい手法であるとしても、非物質に対してはだめだ。全体的には正しいとしても、正しい手法として唯一ではない。観察や実験を収集して判断し決定するのも真実への理性的な方途の一つである。しかしそれ以外にも方法があり、それによっても真実に導かれるのである。

詩人、音楽家、画家などの芸術家を見てみよう。かれらは理性派の見ない世界をいかに見ているとか。そしてその詩、音楽、絵画でもって、理性の言葉や哲学的言辞が運んでくれないような深い衝撃を、われわれの知能に与えてくれるではないか。かれらは哲学者や科学者が認識できないような、世界の諸事実を示してくれる。昔に言われたが、「芸術は哲学の基礎である。」

これらも真実であることは、否めない事実である。科学的な方法だけに依拠するのは間違いである。芸術の方法は、直観と精神の純粋さと心が開かれていることに依拠している。それは科学の方途と同様に、正しいものである。あちらにその領域があるように、こちらにも否定されない聖域があるのだ。世界理解のために科学的方法だけに限るのは、明らかに変則歩行である。

多数の預言者や本物の神秘主義者たちは、こういった方法によったのであった。直観力で世界の真理、創造者、その原動力といったものを、科学者以上に認識したのであった。歴史への影響力も科学に劣るものではない。本当にこの直観というものは、真理に至るに正しい方途であり、実験や観察のようなものである。それぞれに領域があり、専門分野があるということだ。もちろん人の心によっては、この直観は欺瞞であり虚偽かも知れない。直観と幻想の区別も簡単ではないかもしれない。しかしどのような方法であっても、それが感性によるものであっても、腐ってしまって目的に達しないかもしれない。詩人にも贋作者がいるし、音楽家にも直観力がなく格好をつけるだけの者もいるし、預言者とただの予告者もいるし、神秘主義者がいれば気狂いがいるようなものである。

理性と感性

世界の真実にできる限り深く迫ろうとするのであれば、われわれは持てるすべての能力を駆使すべきである。われわれ人間は理性力だけではない。感性もあれば、意志力もある。それらも知見（マアリファ）の方法である。神秘主義者が論理を使った結果を知識（イルム）と呼んで、感性、嗜好、顕示（カシュフ）で得た結果を、知見（マアリファ）と呼んでいるのは、正鵠《せいこく》を得ていると言えよう。前者（理性力だけ）の人を識者（アーリム）と言って、後者は知者（アーリフ）と呼ぶのである。実験で人は理性と知識だけではなく、感情の産物でもあるので、それが生活や行動全体を支配していることが確認されている。理性と感情に動かされており、それで自然であり天賦の能力に従っているのである。要するに、人は理性と感性の双方で認識し、判断しているということになる。そのための方法に従うのであって、その人にとってはそれ以外にはないのだ。優れた科学者の中には、理性で知識の世界を縦横に活動して、その後は感性と信仰に任せて、それも十分に活躍させることができる人もいた。そして知識から吸収し、感性や信仰が理性を妨げることがないようにしつつ、それも活用して、知識の狭さを矯正したのであった。またその慢心を抑えるのにも役立てることができた。

心理学者たちが人の心理的な統合に関して何と言おうが、感性が求める以外にも理性、そして意思が求めるものもある。こういった能力は人々に驚くほどさまざまに配分されている。

意思は強くても理性が弱い人、理性が強くても感性に欠ける人、理性も感性も強い人などである。昔から、理性は頭、感性は心で代表されてきた。頭が強ければ科学的で、心が強ければ情緒的、芸術的、宗教的ということになる。これらの能力すべてに対応した領域が世界にあるのであれば、理性だけで世界の真実を求めるのは誤りだし、全能力はそれぞれの専門分野で活用するのが妥当である。われわれの感性だけで感じ取る世界もあるように。

科学者たちは望むように世界の車輪を研究すればいい。観察し、実験し、証明し、気のすむようにできる。完全に自由である。他方、芸術家たちは、美の発見に忙しいし、望むままに悟りを開けばいいのだ。そして科学者たちの発見に劣らないだけの、純粋さ、美、直観を運んでくればいいのだ。そして預言者や使徒や神秘主義者たちは、世界の原動力の認識とそれが持つ意味合いで、科学者の発見や芸術家の直観以上のものを伝えればいいのだ。

＊＊＊＊＊

この科学と宗教の間の根深い争いの根本原因は、私には分からない。科学者は神経質となり、かれらの知識はすべてに関係しており、あらゆる問題を解決するとして、知識以上に求めるものはない、だからかれらの領域以外には領域はないとするのである。宗教家の方も神経質になり、科学の領域での知識を信用しないで、また宗教の根幹と小枝部分の峻別ができずに、先達の言葉は降ろされた啓示のようなものとして固く取りつかれてしまったのである。これらが路上より除去されれば、それで闘争もなくなるだろう。そこには協力が生み出される。知識は信仰を補完し、信仰は知識を補完する。そして両者はこの世の諸事実の一部分をそれぞれが明らかにする。それらは人間のさまざまな能力の正しい栄養素であり、全能力が互いに均衡を保ち、そしてそれらの共通の目的に向かって進むのである。

真実の科学と宗教は、その目的を一つとしており、それは真実への愛情である。手段が異なってはいるものの、両者共、人間性でもってその完璧な姿に到達するであろう。そして周囲で取り巻くものも理解するのだ。あちらは物質的に、そしてこちらは精神的に理解するのである。

【註】真実愛を基本に、理性と感性による認識を強調していている。科学が明らかにするものが、新たな不思議を呼ぶこともますます増大している。あるいは第一原因の認識にはほとんど前進があるとは思えないのが、現状であろう。『溢れる随想』第四巻一四八―一五五頁。アルサカーファ誌、一九四二年九月二二日。

六、神信仰

ある男が疑念に関っていたところ、無宗教に至ったというのである。ある日、その男の友人が尋ねた。どんな疑念であり、無宗教になった結果はどうか、見たところまだ信仰の残滓《ざんし》が散見されるというのである。そこでその男が無宗教であることを確認したが、それでも本当か、と再度尋ねた。それに対して男は少々苛立って次のように叫んだのであった。「偉大な神よ、私は無宗教だ。」

この話は、神信仰はどれほど人の自然にビルト・インされているかということを示している。それはどれほど理性で反対し、あるいは論理で拒否してもだめだ。そこで多くの科学者が頭で不信仰でも、心は信者という諸例を見るのである。確かに国々の考え方や文明の差、あるいは知識と無知によっても神の姿は異なる。しかし能力と権力の主であり運命の主である神に天性によって傾斜するという点では、全員一致しているのである。

フランス革命の事例を見てみよう。教会側は理性を迫害し、思考を閉じ込め、自分の領域ではない事柄に介入し、周囲の人たちの生活に不義を働いた。そこで革命側は宗教側に抵抗し、その信仰に背反《はいはん》したのであった。神を消去するように要求した。しかしその結論はどうだったろうか。革命は収まり、その熱気も下火となると、人々はまたその神に戻ったのだ。

神は消去されるどころか、その逆に革命の教義が消去されたのだ。そうなったのは、人間の自然に従ったからであった。

トルコ革命でも同様で、宗教をなくして神信仰を亡《な》きものとした。しかしかれらの主張は風と共に去ることとなったし、それを主張した人々自身が立ち去った。そして宗教は残り、人々は宗教と共に残った。

次に、宗教否定を旗印としたロシア革命がおこった。自由や永遠という考え方も消去された。ところが宗教の復活に時間は掛かからなかったし、外見は変わったにしても、中核は変更されなかった。

＊＊＊＊＊＊

人が神に向かう訳

ところで何が人を神に向けるのであろうか？

第一にはそれは、その人の感性である。感性は人の重要な構成要素でもある。それはその人の知見の正しい源泉であり、人生の多くの事柄が依拠するものである。例えば友情、父親や母親であること、愛憎、感覚、人間性などだが、感性が減ったりなくなったりするならば、われわれの生活は乾いたものとなり、食欲の湧く対象もなくなる。あるいはそもそも生活が成り立たなくなるだろう。われわれが感性で認識するあらゆる物事の一端として、神を感じ取ることは生活を構成する一部であるということになる。

人間が発見した最重要の一つは、世界は一つであるということだ。そして実に細かいところまで世界は組織化されている。そのことを人はまず夜と昼や夏と冬の交代、そして太陽と月の動きなどで知る。知れば知るほどその秩序とそれが詳細であることに信頼が深まるのである。たとえ何かが混沌としていると見えても、それは底に潜む法則に気が付いていないからである。そのような秩序を一番よく熟知し、よく信頼しているのは、各分野の専門家である。天文学者は星座の組織をよく信頼しているし、動物学者、植物学者、各部位の専門的医学者、例えば眼科医などなどである。その部分において、一番その組織とその詳細を知りつくしている。哲学者は世界が単一であることを認識する。またその一側面に組織がなければ、それに関しての知識もないことを知っている。つまり知識とは、生活の一側面に関する整序だった諸法則の集合なのである。動植物や天体など。病と闘う身体もその組織の中で、実に驚くべき活動をしている。それがなければ、医学は成り立たない。

次いでは、世界の各部分はそれぞれが互いに連結しているのである。各細胞が身体全体に連動しているように、世界の各部分も一つの組織に従属している。世界は文字のアルファベットのようでもあり、「あ」は「ん」に近く、また遠くで連結している。こうして全文字は一つの秩序をなし、一つの法則に従っている。そして世界をよく見れば見るほど、一つの部分で他の部分を知ることにもなる。というのは、諸法則は似ており、組織は一つだからである。その組織の詳細は組織がなければ、存在さえも知られないということになる。

さらに、もしわれわれが動く機械を見るならば、その背後にはそれを動かすエンジンがあり、それを統御する理性があることが分かる。人が仕事し活動し行動すると、その背後にはその人を統御し動かす理性があると考えるのである。もし理性がなくなると、仕事、活動、行動などもなくなる。こういった組織に従う世界は、動かす理性や組織化する魂がなければ、一体どうなるのであろうか？

神が世界の理性であり魂なのである。われわれの理性と同様である。昔から言うように、「神がアーダムをその姿に創造された。」のである。

＊＊＊＊＊＊

世界で最も驚くべきは、人間の理性であろう。そしてそれは世界の驚異を認識し、世界の理性に呼応できるのだ。そして人の理性は世界の理性の産物であり、影である。

われわれは二つに一つである。つまり一つには、世界の一部として、理性も魂も目的もなく、世界といえば魂も統御者も目的もない硬い物質である。二つには、われわれには理性、魂、目的があり、世界にもそれらが備わっており、互いに呼応しているのだ。前者は不信仰であり、後者は信仰である。もしあなたが理性で判断するならば、あなたは自分の理性を信じたことになる。ということは、世界の理性を信じたことになり、それがつまり信仰ということである。

世界の理性、統御、秩序などが統治しているように、その美しさがその上に注がれている。大であり小であり、繊細さと荘厳さが、天上と地上に溢れている。星々の光と輝き、天地をかける雲、海の偉大さ、山々の峻厳なこと、太陽の昇り降り、空を飛ぶ鳥、水中を泳ぐ魚、静と動、形状と色彩の多様さなど。

自然はそのすべての部分でも美しいが、全体はさらに美しい。部分の美しさは全体美には及ばないのだ。だから鳥の一部の美しさは、全体のそれとは比較にならない。人もそうだ。自然の全体美は、人の目や心を奪うものがあるし、畏怖で心を満たすものがある。そして純粋な形では描写もできず、表現もできないほどだと感じざるを得ないのだ。

人にとって最大の価値は、世界の理性、統御、秩序を感じ取る自らの理性である。他方、美を看取する能力も大きな価値があり、それで世界の美を看取し、呼応し、親しみを覚えるのである。世界の部分には醜いものもあるだろうが、それは優しい醜さであり、それがなければわれわれは美の美を認識できないだろう。

世界の統御やその秩序の統治が世界の理性から整序立って発出《はっしゅつ》されるように、その美も細かく注がれて、調整の取れた創造者から発出するのである。進化論者は、美というものは自然の選択と適者生存の法則に従って出てきたと主張した。そして美は種の保存のために男性を誘惑する女性のように、性的挑発のための自然の賜物に過ぎないとする。もしやこれが当たっているとするならば、鉱物の美や自然美はどう説明するのか？

背負いきれない重荷

以上が神信仰の前向きな面であるが、他方、後ろ向きの面もある。それも決して弱く説得力に欠けるということはない。科学は大いに進歩したし、それで誇りに思って慢心が生じた面もある。それほどではあるが、現在も不可能なことは表面や外見しか説明できないのである。創造の第一原因は何であったのか？　世界初の細胞に生命を送ったのは、誰であったのか？　自然と自分の中に何百万とある驚異について、どうやって説明するのであろうか？

科学が行き着く最高のところは、真実の半分を知るということである。それは外見であり、「どうやって（カイファ）」という方法に関するものである。もう一つのより強い方は、真実の内側に関するもので、「その全体（ヒーイヤ）は何か（マー）」という本質に関するものである。「その全体はどうやって（カイファ・ヒーイヤ）」ではないのである（要するに科学は方法論に過ぎないということ、ここはアラビア語の遊び）。科学は物事の本質に関しては、一言も発言できないのである。

科学だけを信じてその背後にあるものを否定し、科学的法則だけを信じる者は、私は世界の「あ」から「ん」まで説明できると言っても、誰も注目しないだろう。機械の原動力は説明しないし、生命の進化や経路は説明しても、存在の初めはどうであったのかは説明しないのである。ということは、馬鹿げたことである。それは良く解釈するとしてもせいぜい、子供が学びたい口実として知らない、と言っているのに等しいのである。こうして世界の第一原因と世界を統御する理性を否定することは、われわれに背負いきれない重荷を加えることとなる。

科学は実際のところ、われわれの驚異を増しているだけではないだろうか。問題を解決はしていないのだ。天文学は、知識、詳細、計算、観測、そして機材でもって、何を造りだしたのか？　説明したのは、何百万もの星は、引力でその場所にとどまり、その回転を完結させているということだ。また引力によって均衡が保たれ、衝突が防がれているということだ。また太陽や星の重さを計量し、その大きさや速度や地球との距離が計算された。そうしたらまたまた驚くことばかり。しかし引力はどのようにして生み出され、中心の力は何であり、それはどのようにして大きくなったのか？　そしてこの驚くべき繊細な秩序は、どうして編み出されたのか？　解決できない問題ばかりで、天文学者はそれらには手を付けない。

地質学者は岩石の判読を開始した。地球は冷めるのに、何百万年かかったのか？　氷河期の長さは？　どのようにして海中に沈んだのか？　またどのようにして表面が現出したのか？　火山や地震の原因も知らねばならない。生物学者は、動物について、心理学者は人間の心についてだが、かれらもわれわれに対して外見の説明はしても、驚き以外に増大させたものがあるのか？　こういった質問はすべてかれら全員に尋ねることとして、それよりまずは、理性が必要となる深い質問が出てくる。それはあなた方が大半は説明できないままの、これらの驚異で満ちている、この書物の著者は誰なのか？　それは著者がいないような編纂なのか。組織者のいないような組織なのか？　創始者のいない創始なのか？　誰がこの世界で命を育てて、その中で活動させたのか？　誰の理性が秩序を統御しているのか？

創始者に関しては、進化論者は全くお手上げなのである。世界の単一性や源泉の単一性に関しては、説明する資格ありである。しかし世界の秘密が明らかにされて、その単一性、段階を経ることで統一されていること、その秩序と統御の一つであることが、明らかにされるたびに人々の驚きが増すだけである。そして質問が増える。世界の秘密に関する知識は、まだ分析不十分で、未説明なことが多い。そして心の底から叫ぶ言葉は、神は全世界の主である、ということである。

【註】考えれば考えられないことの多いことに、自然と気が付く。それの総体を絶対主に委ねられるのかどうかが、分岐点である。見て見ぬふりをして一生過ごすこともできる。その中でも美しさや楽しさはあるだろう。しかしそれでは自虐的、あるいはある種のピエロだと思う人は別だ。人は「背負いきれない重荷を加える」必要はないのだろう。それが自然な天性ということにもなる。『溢れる随想』第四巻一五六―一六一頁。アルサカーファ誌、一九四二年九月二九日。

七、もう一つの命

昔も今も、歴史以前もその後も、砂漠も文明後も、単純な人も複雑な人も、それらすべての人に、いつもこの世の後ろには隠された別の生命があると、直観に似たようなもので感じ取られてきた。そこではこの世には失われた正義があり、そこでは人は実行したことと意思への報奨があると考え、そこでは裁判官への賄賂や弁護士の能弁や階級差別などで判決が腐ることはないと思った。それは利益を吸収し害を避けるための、ある種の直観である。この直観とは適当な季節に飛んで行き、適当な時に郷里に戻る鳥のそれのようなものである。あるいは幼児がこの世に生まれ落ちるときに、母親の胸をむしゃぶるようなものである。そして痛みを覚えれば泣くし、嬉しくなれば笑うのである。喜怒哀楽の感情や本能に反応するのである。

舌や論理で拒否している大半の人々も、「最後の日」の直観は人の心の奥深く浸透しており、それは本能の隠されたところに潜んでいると感じている。他方、苦労が重なり災厄に襲われると、かれらは理性を拒否してその本能を信じ、行動を正して不信仰を正し、本能を拒否してきたことを痛感するのである。

別の命を信じることで、人の寿命は終わらないことを知るのである。限界のある物質的な命に加えて、無制限な精神性を加えることとなるのだ。それですべての物質的な存在よりも高尚であると感じるし、短命なあらゆる動植物よりも上であるし、その永遠の精神は消えゆく身体よりも高邁だと分かるのだ。この信仰箇条によって、人の行動は定められて、その上に文明が築かれてきた。エジプト古代文明をはじめ、アッシリア文明、バビロニア文明など、すべて来世信仰に基づいていた。こういった諸文明の上に、その後の諸文明は構築された。

それなのにこの直観は虚偽であり欺瞞だというのであろうか？　これに関しては、いずこの民族やいずこの共同体も大声で叫び、そして昔の詩人は言い残した。

生きて、それから死んで、それから広がるのが、

迷信だ、アムルーのお母さん。

クルアーンにもある。

「かれら（不信仰者たち）は言います。わたしたちには、現世の生活だけです。わたしたちは死んだり生きたりしますが、わたしたちを滅ぼすのは、時の流れだけですと。」（四五：二四）

ところが近代に入るとすべては物質であり、この世以外はないという連中が現れた。思想、感性、感情などは物質の結果であり、その表出に過ぎないというのである。肝臓が黄色の液を出して、腎臓から尿が出るようなものだという。思想、意志、感情などは、脳から出てくるとする。その分量と種類は、脳の分量と働きと構造次第、そこですべては物質だけであり、あるいはその外面だけということ。精神などはなく、永遠ということに意味はない、それは幻想のなす業《わざ》だとする。

心理学者の中にはそれに加えて、もう一つの命の感覚を分析し始めた。それを初期的要素に分解して、その手法によりそれらはすべて人間の「劣等感」によるものであると結論付けた。つまり自然の力量に劣等感を持ち、その欠陥を埋めるものを持ち出したのだ。そこで浮世ではなく永遠を、そして死ぬのに永世を語り、さらに何人かの幻想によって飛ぶ鳥のよう

に羽で天に飛んで、視界から離れ、そしてまた元の巣へと戻ることとしたというのだ。

かれらは次のようにも言う。この世は悪行、災害、不正に満ちている、どれをとっても欠陥だらけだ。そこで人間は野心を抱き、その希望や欲望に従って世界を改革しようとしたが、多くは見出さずに、少量しか得るところはなかった。だから現実の改革よりは幻想を持ち出してきて、哲学者たちは例えば理想の町（哲学者の政治を提唱したプラトンの「共和国」とその影響によるアルファーラービー（九五〇年没）の『有徳の街』など）としてユートピアを描き、民衆といえば別の理想世界として天国を持ち出したという次第である。このようにかれらの発言や論理は展開されてきた。

＊＊＊＊＊＊

世界は物質だけだとする見解は、理性が受け付けないのだ。それなら思想、意志、感性といったことが、どうして硬い濃厚な物質の結果であるのか？　どうして性格を感じ取る思想が、性格を感じ取れない物質の結果でありうるのか？　どうして思想や感覚が成り立つ基礎の物質自身が、考え感じるのであろうか？　さらにどうして、物質、理性、そして思想が一つであり、他方その属性は全く異なるのであろうか？　どうして物質的な物質が、非物質主義者の思想や理性の根拠になりうるのか？　物質がすべてだとする主張は、まったく世界の現象を説明できないのだ。どうして物質から行動が生まれ、行動から感性が生まれるのか？　物と物の間の関係は、脳と思考の間の関係のようなものであり、理由は必要としない。というのは、脳は思想の場所であり、その理由ではないのだ。

もしこれらすべてが妥当するのであれば、物質の背後には何かがなければいけない。体の後ろであれば、それは魂ということである。

＊＊＊＊＊＊

昨今の科学知識によると、物質は消滅するわけではないそうだ。この世の原子は、なくならないという。しかし変化するので、砂や水の一滴は大変なものに変貌する。例えばロウソクは、燃えると暗闇にとって代わるし、さらに自らも更新される。しかし化学者が言うには、その要素は決して消え去るものではない。それは空中に霧散するのだ。ただその姿は変化して、その新たな格好で存続するが、中核はそのまま残る。同様に他のものも消え失せない。だからそのエネルギーや燃える能力や照明そのものは消滅しない。しかしその状態とか姿は変貌する。

これが科学や実験の結果である。身体の死もその状態の変化であり、姿を変えてこの世に残ることとなる。シェークスピアが言ったように、シーザーの体の原子は、隙間を埋める粘土になるということである。またウマル・アルハイヤーム（一一三一年没、ペルシアの高名な詩人）が言ったように、（身体は）中で酒が熟成する器のようなものである。

＊＊＊＊＊＊

世界は物質のみではないとして、あるいはそれは物質と精神だとして、また科学者たちが物質は消滅しないとし、またエネルギーも消え去らないとすれば、どうして魂が消え失せることがあろうか。それは物質よりも存続しておかしくないし、さらにはその成り立ちや属性は継続に向いている。そしてそれは世界が生み出したものの中で、最も高尚なものである。

魂が物質に触れて、生命を吹き込むのである。それは身体に溶け込んで、理性を働かせ、考え、記憶して、感じて、その感情と遊ぶのである。もし身体から離れれば、それで硬い物質となり、他の物質と変わりなくなる。死が訪れれば身体は分解されて、世界中でその役割を果たすこととなる。中には樹木の栄養となり、土壌の肥料となり、すがすがしい空気となる。あるいは見る人を喜ばせる花園となり、文学者を楽しませるバラの花となり、天敵やクジラの餌となり、布を燃やす硫黄となり、その他なんでも持ち出せる。それらは美しく、もし醜くても、また驚嘆させるし、おぞましくも思わせる。愛憎もそうだ。こうして世界は巡回し、それはまるで海から水を取り入れては海へ捨てる、ホジャー童話（トルコの国民的な童話）の水車のようでもある。魂は永久に生き続け、行った仕事に残り、影響の中に生きており、その主に対しては、自らが行った善に感謝し、悪については悔やむのである。

永劫のない人生など、何とつまらないものか。そしてこの命以外がないとなれば、何と狭い希望しか持てないことか。この世で正義が失われても、来世がないとなれば何と大きな損失であろうか。

いや、いや、人のもう一つの命に関する直観は、決して虚偽ではなく、それを感じ取るのは錯誤でもない。それは自然で正直な啓示であり、人の本能に浸透する真実の感覚なのである。

【註】魂がその人の遺体に戻されて、復活した後に来世が来る。しかしこれは他の生き物になるという輪廻思想（タナースフ、タカンムス）ではない。同思想はイスラームでは、ドルーズなど一部の流派で支持されたにすぎない。いずれにしても来世を思うことなど現在の日本ではおよそ稀有なことだが、本節がその機会を与えてくれるだろうか。『溢れる随想』第四巻一六二

――一六六頁。アルサカーファ誌、一九四二年九月一五日。

八、宗教の将来

この世界大戦（第二次世界大戦）の宗教に対する影響は、どのようなものだろうか。戦後の波はどうなるのか、宗教の波か、あるいは無宗教か？　そしてこの大惨事の人間的な感覚への影響はどのようなものであろうか。それは人類史上例を見ないほどのものである。それはアッラーに近づくのか、または遠ざかるのか？

こういった疑問がヨーロッパの宗教学者や社会学者や心理学者の間で議論され、種々の見解が出されてきている。宗教の将来予想も立てられているが、それらは互いに矛盾含みだ。戦争の恐怖が宗教化を推し進めるという見方もある。というのも、欧州は世界の指導者であったが、科学を奴隷化し、誤って聖視してしまった結果、叫び声に終わったのだ。ただしこれらの悲惨さは、科学の病ではないかも知れない。というのは、科学はもろ刃《は》の剣《つるぎ》で、それは良いことにも悪いことにも使用されるからだ。

しかし、もし感性を知識ほどに成長させ、心を頭ほどに活性化していたならば、科学は益をもたらしていただろう。人々は科学に惹かれて心を忘れ、科学の未知を探求したが、心のそれを手放してしまった。また心のないままに科学だけに頼って日常生活や政治を建設した。昨日と今日の科学が非常に大きな違いを見せるほどに、長足の進歩を遂げたのであった。心の面は進歩が遅いか、時には後退してしまった。均衡は破れて、今次の惨状に至ったのだ。もしも片方の目ばかりを使って、もう一方の目を使わないとすれば、それは視力を失うに等しい。そのように人は均衡を維持して生きるように創造されているのであり、その均衡が失われれば、苦難が始まる。

そこで言われているのは、人類はこの結果を見て、戦争のもたらした試練を知るだろう、そして原因究明をして、薬が均衡を回復し心と感性を取り戻すことであると知るであろう。頭と知識だけではないのだ。そうして宗教に戻るだろうという。それは心の栄養だからである。他方、科学偏向は、すなわち恐ろしい悲劇である。楽しみ偏重は、その楽しみを喪失させる。そこで宗教以外に頼るところはないし、それはアッラーであり、その慈悲であり、自らの失策をお目こぼししてもらうために涙を注ぐことで、そのお赦しに依拠することである。そうすれば新たな頁が開かれ、新たな生活が始めるだろうとされる。

あるいは次のように言う人もいる。ヨーロッパは以前と同様の宗教に戻ることはないだろう。過去の間違いに鑑《かんが》みて、社会制度にも種々の変革をもたらすのと同様に、宗教にも変革を導入するだろうというのである。宗教は民族的な感情に寄り添い、人の心から血に飢えたような凶暴な本性を撤廃し、それらに代えて広範な平和と同胞関係で交代させるという。新宗教は弱い隣人の財産への欲望を否定して、非武装の諸国への強奪も止めて、平和を望む民衆を迫害するのも停止する。とにかく現状の宗教は、人の悪い精神を強め、不正者に手助けしたので敗北をこうむった。少なくとも宗教者は信者を把握できなくなり、ヨーロッパは殺《さつ》戮《りく》の場と化した。そして敵対感情は世界に広まり、それとともに嫌悪、憎悪、流血、報復の動機も広まった。そして祈るのは友軍の勝利であり、人間的勝利や横暴さからの離別のためではない。現在世界は振動する火山のようになり、人は火炎を起こして何百万も駆り出されて、すべては灰になり、美は醜さになっている。現在の宗教の教えでは、人々の絶望を解消して、その謀略を食い止めることはできなくなっている。

将来の宗教はこういった教義のためではなく、基礎的な信教上の精神に則っており、真実と同胞関係に基づくものである。それは性、血縁、言葉、祖国、そして宗教が違っていてもそうである。また互いの調和と利益の共有と害毒の防止にも基づいている。派閥主義でもなく、地域や信条や言語の違いから、人々が争い、互いの憎しみの種を撒くために時間を浪費することがないようにしなければならない。

こういった宗教がこれから支配的となるものであり、それは人類の創造主アッラーの願いや行動と一致するものだ。アッラーは人々の性、共同体、言語や肌色が異なっていても、全員に恵みを授けられる。その宗教は人々が息をつく空気の通り道で、全員のために採取する食物の産地であり、また太陽、月、諸星の原動力であり、人々に照明と気温を送り届け、理性、感性、そして意思を人々に与えるのである。そうであるならば、どうしてアッラーの宗教が、アッラーの慣行（従来アッラーが行ってきたもので、そうすることが予測されるもの）に沿わないことがあろうか。またそれが人間全体に、同胞感、愛情、公正、協力、真理や忍耐の推奨をしないことがあろうか？

＊＊＊＊＊＊

他方、以上とは全く異なるような予測を立てる人たちもいる。

世界のこの破壊、犠牲、叫び声、戦争孤児、計り知れない惨事など、これらすべては人々の心中深くをえぐり、次のようなうめき声を出している。アッラーのお慈悲はどこへ、かれの人間への愛はどこへ、そしてかれがその僕《しもべ》を裁くときのあの公正さはどこへ？

人々の心を揺さぶり、かれらは秩序立った理性や継続的な進歩や世界を目的に指導する者を否定し始めている。人々の心には疑念が生じて、無宗教へと追いやり、物質主義に向かっている。こういった状態を見て、若者は礼拝所から離れ、宗教的な儀礼からも遠ざかりつつある。われわれに飲食させろ、遊ばせろというのが、かれらのモットーになっている。そして明日にはわれわれに死がまとい付き、われわれを消滅が包み込むのだとする。タラファ（・ブン・アルアブドゥ、五六九年没、イスラーム以前からの詩人、三〇歳未満で死去）の事例を挙げてみよう。

何とこれは障害だ、私は叫び声を張り上げる、
　そうすると快楽がある、あなたはそれを永遠にしてくれるのか？
もしあなたが私の力を押し返せないなら、
　私の手でそれを開始させてほしい。

もしアッラーが人間を愛していたならば、その愛はどこへ。高齢な両親で子供を失った二人はどこへ行ったのか？　人生はこれからという若者で、妻を失った者は一体どこへ？　家族を失った母親で、乳飲み子だけはいるものの、残った子供は失望し、戦闘に参加しない家族には爆撃機が襲来し、これで一体全体お慈悲はどこへ？

アッラーが全能ならば、どうしてそのような悪い魂をそのターバンの中に拘留しなかったのか？　悪と腐敗の最悪の連中を、どうして刈り取ってしまわなかったのか？　そうした連中が謀反や戦争を起こすのだ。自分たち以外はそのままにしておいて、自分たちだけでこの世を享受し、幸せをむさぼるのだ。

そしてかれらは、叫んで不信仰を知らせて、包括的な無宗教を推し進めるのだ。

＊＊＊＊＊＊

しかし、私はこの呼びかけは正しくないと考える。というのは、人は昔からこういった惨事を見て疑念は持つが、その信仰心は失ってこなかった。人は理性、思考、そして感性を高めて、アッラーへの見方を修正する。そしてさまざまな障害に対して信仰を失うのではなく、アッラーに対する理解を正すのである。そして誤りを発見する。

こうしたときに生じる過ちは、アッラーの人格化であろう。われわれの属性に似たものを当てはめ、われわれの感情に近いものを読み込むのである。それには、愛情、憎悪、喜怒哀楽、慈悲、報復がある。確かにこれらの言葉はいずれの経典にも出てくるが、人間の言葉には限界があるので、そのようにせざるを得ないのである。それは人に似ていないものを描写するのが難しく、何にも似ていないものを描写することが完全に不可能であることを示しているにすぎないのだ。アッラーは人格もなければ、人でもない。人の感情もないし、人間と同様の愛憎もない。だからアッラーが聞き、見るというときには、われわれは全く人間的なものは想定していない。われわれの五感ではない。そこでアッラーが、愛する、嫌う、憐れむ、報復するなどというときには、それでもってわれわれの場合と同じような反応がないように望まれるのだ。それらは欠陥のある用語であり、人間に限られたものでしかないのだ。

アッラーの支配は一般法に拠ること

アッラーが世界を支配し統御されるのは、広い一般的な法（摂理）に拠るのであって、狭い部分的なものではない。人を創造しその一般法に従うようにされ、それに従わない者は一掃された。過去、現在、未来を知り、この世とあの世を知り、星座もわれわれ以外のものも知っておられる。総体的な法に反している家の一部分を見るように、アッラーに対するのは、視野を狭くしていることになる。

庭師は樹木の枝や草を刈ることに集中するが、庭の全体は見ていないのだ。但し全体のために、一部を犠牲にしても、反対する人はいないだろう。大地は太陽に連結されており、家畜の成長は植物の生長次第だし、人間の生活は動植物の生命に連結されている。そしてこれらすべては、一般法に連結されているのだ。こうしたことは今日われわれが認識しているところだ。

そしてわれわれが認識していた以上に認識できないならば、一般法に従っている部分的な出来事に反対するのは馬鹿げているのではないだろうか？　特定の鉄を高温で伸ばすことについて反対するのは、馬鹿げているのではないだろうか？　これは一般法であり、温度で全体を複数に（多様化）することを定めていたとしよう。そうするとこの一般法は、似ているか、あるいはそれよりもさらに広い他の法に連結しているのではないか？

自分の息子の死、または家族の殺害を自分の目で見て、戦争で何百万人も殺害されるのを見る者は、熱で鉄を伸ばすことに反対しているようなものだ。それは部分的で狭い見解が、包括的で全体的な見解に異論を唱えているようなものだ。何百万もの人の前では、一世代など、どうということはない。地球一つも、それ以外の諸世界と比べると、どうということはない。地球の表面で見る人は、山の頂点から見る人とは違うし、飛行士の見方とも異なる。

植物は葉を食べる虫に不満だし、虫は餌として食べる鳥に不満だし。鳥は肉食の鷹に不満だし、鷹は狩猟する人間に不満だし、人間はその先を阻止する死に不満だ。アッラーは人間を裏から囲んでいる。というのは、かれはその諸法を広く包括的に知っているのだ。

アッラーには慈悲以外の属性もある。公正で知恵があり報復もする。こういった諸属性があり、さらにはそれら以外もある。そしてそのそれぞれには、外見と行動形態がある。だからすべての外見を、愛情だけで計るのは間違いである。または慈悲だけでも、間違いだ。世界にはかれの理性が統御した目的がある。その目的に無事到着するならば、世界を支配する一般法に依拠しつつ、どんなに犠牲を払っても悪くないだろう。

アッラーはその一般法から人間に意思の自由を与えられ、自然に行動から生じる部分を授けられたのであろう。また兄弟の命に関する人の責任もそうだが、それはちょうど一部の細胞は他の細胞にも責任を負っているのと同様である。これが世界の諸法を平等に扱う一般法であるならば、不満不平は何ら主張の根拠はないということになる。

＊＊＊＊＊＊

右に見た見解が、この戦争があまりに悲惨であることに鑑みて、どうして人々の間に広まらないことがあろうか。それはアッラーが世界に広められた一般法に基づくものでもある。世界はその一般法と調和するであろう。またそれに拠らなければ、その罪を問われることになるし、自らの慢心を是正することもできない。物質主義の誤りは明らかとなり、アッラーに関する見方も改められることは、既に述べた。そうすれば死は生命の復活につながり、それは良いことである。またそうすれば、罪人を正すことになるので、懲罰は慈悲であるということになる。それは愛情だということだ。

われわれはこの方向に傾く。将来のことは、アッラーが一番ご存じである。

以上で本年のラマダーン月講演を終了する。読者の方々へ、祝意を表する。

【註】戦後日本の宗教離れは顕著であるが、同種の問題がアラブ世界でも取りざたされていたようだ。本節では少々把握しにくい表現や論法が目立つが、アミーンがここで説いているのは、信仰を求める心は変わらないが、神の定める摂理である一般法という広い立場から物事を見る必要があるということ。日本でも信仰の灯が消えたわけではないどころか、大災害が続く中、宗教回帰現象もある。魂は、その落ち着き先を探しているようでもある。「溢れる随想」第四巻一六七―一七二頁。アルサカーファ誌、一九四二年一〇月六日。

九、精神生活について―直観

人には理性的な力以外にもう一つの能力、あるいは才覚があると思われる。それは既知の諸事実から結論を導き出す、論理でなじみのある方法ではなく、別種の真実を認識するものである。その力は、啓示、直観、顕示などの能力が潜んでいるところである。そしてそれは既知の事実の計算や、結果の評価はしない。それは一瞬の稲妻のようなもので、それで諸事実を明らかにするのである。

動物にもそのような能力があることは、アッラーが言われた。

「またあなたの主は、蜜蜂に啓示しました。山や樹木、かれら（人びと）の建造物に巣を作りなさい。」（一六：六八）

さらに大人が頭で考えたり実験したりするのではないが、子供がこのような能力を発揮することもあり、女性は男性よりも多くこの種の能力があるように見られる。女性は関心のある事柄に関しては、それについての予兆はなくても、直観的に実に鋭い感性を発揮する。

直観はさまざまなこと

また理性と同様にこの直観力の強弱は、人によりさまざまである。それはちょうど、賢明さ、裕福さ、馬鹿さ、鈍感さにおいても程度の違いがあり、また数学に強い人も弱い人もいるのと同じである。直観力の大小は、どの程度啓蒙されているかにも関係する。預言者伝承に言う。「私の共同体には、直観力のある人たちがいる。その中の一人が、ウマル（第二代正統カリフ、六三四—六四四年在位）である。」直観力は理性力とは連動しない。また賢明さ、知識や教養も同様だ。カイロにきて二年しかたたない農民の話がある。読み書き、計算などは勉強しないで、六桁とか七桁の掛け算ができるというのである。通常使用するような道具は使わないでできるというので、結局統計局の計算部門で採用となった。そこでその男は計算機のようになって、足したり引いたり、また掛けたり割ったりする仕事をすることとなった。

こういった例は、われわれの人生で多数見るものだ。直観に優れていたり、あるいは合理的で、もしくは実験に秀でていたりする。あるビジネスマンは市場に勘が働き、それは驚くほどであった。かれには、経済学を学んだ人とか、市場動向や世界地理を学んだ人でもかなわない。また商売の関係であれば、理論面でも強かった。こういったことは農業や工業やさらには軍事にも見られることである。

各方面の直観

直観は芸術に鮮明に表れる。美というものは、曖昧さに覆われている。美学論がいかになされて、美の合理的で経験的にもうなずける原則が説かれても、そのすべてにおいて曖昧さは残っている。大半は直観や嗜好頼りであり、理性や実験ではない。われわれが通常知っているのは、ほぼ同様のものが生み出されるということである。物は物を、意見は意見を、生命は生命を、という具合である。しかしいずこから、美は来るのか。それはそれとは関係ないような、音であるとか色彩から来るのである。または醜さからも生まれる。人の体は部分ごとには美しいかも知れないが、全体が組み立てられるとそうでないかも知れない。もしくは、その逆かも知れない。これは一体どうしたことか、われわれは知っていないのだ。美の力はわれわれにどのような反応を起こして、どのように世界を弄《もてあそ》ぶのか？　われわれは知らない。

さらにはその人自身が、どうして芸術家になったのか？　かれは他のことには役立たないが、芸術には秀でているのだ。多くの人は、シャウキー（アフマド・、一九三二年没）を見て、あるいはかれと同席もして知っているだろう。かれは話も下手だし、考えもどうというほどのこともなかった。その両目は、水銀の上に安置されているようだった。どれだけ一緒に座っていても、かれからは天分の閃きも感じられないのだ。ところがかれは、近代最大の東洋の詩人ということで、シェークスピアに比する人もいるくらいだ。「何という優れた詩の才能だ、何という素晴らしい幼年期で、凄い単純さか！」ジャン・ジャック・ルソーの育ちは、何とも惨いものだった。学術面でも芸術面でも、何もまともには行かなかったのだ。育つだけでも問題だったと言える。いつも失敗だらけで、馬鹿げたことだらけだった。理性的でなく、意志薄弱だった。その時その時の刺激に反応しているということであった。学校でも音楽訓練でも、成功しなかった。しかし世界の才能ということになったのだ。その芸術的な作品によって、フランスの思考を変革したのだ。さらには世界のそれも変革するかもしれない。近代文明を新たな色彩で塗り直したのである。

それにしてもこれらすべての芸術家の特徴は何なのか？　かれらの置かれた状況は、見たとおりである。かれらには、直観しか残されてないのだ。理性面や経験面ではそれほど強いということはなかったし、すべてはかれらの直観力にかかっていると言わねばならないのである。

それにしても芸術とは、どのようにして生まれるのか？　詩人はどのように創作して、その独創的な意味合いや幻想が湧いてくるのか、また作家はどのようにして筋書きや出来事の思い付きや編纂ができるのか、そして画家はどうやって想像し創作するのか、そしてどのようにして色彩を組み合わせるのかといったことを尋ねるとしよう。そうすると返事は、全員が揃って答え方も分からないというだろう。頭で考えてそうなったというのではないし、直観を待っていただけと言うだろう。詩人は詩の冒頭では計算なしの直観を得るのだ。そして考え、幻想しながら、昼も夜も何日も過ごす。そしてその冒頭の対句を書くが、満足しない。それは啓示が止まったからだ。そこでもう一度啓示が下りるまで待つしかなく、次に始まるとそれは溢れんばかりになる。どうしてうまく行くのか、あるいはまるでダメなのかは分からない。それをどのようにあなたが説明しようとして、健康状態、喜びや悲しみ、中庸《ちゅうよう》かどうかなどの諸点を持ち出したとしても、そういったことではないのだ。

同様に天才と言われる人がいるが、かれらはその時代を一番よく表現する能力を持った人たちである。国や世界を前進させようとするが、それで思想や慣行上の理想に近づくというのだ。多くの天才たちは、この直観力を持っており、それが成功の秘密である。宗教上は、哲学的な理性では喜ばしくないものでも、また論理的にはそうはならない仕方ではあっても、かれらはその教義に引き寄せるのである。人々の心は揺れ動くとしても、結局のところは頭が命じるようにではなく、かれらの心が赴くように人生を進めるのである。実際のところこれらの天才たちの多くは、理性面では風変りの人が多くいた。そこで天才を研究する人たちの中には、天才を風変りではなく、気狂いの部類に数える人もいるほどだ。

発明や発見も多くは学術研究よりは、直観に拠っていた。学術研究は、直観の最初の一瞬のための補助であり支援であった。何人の人がリンゴなどの果実が木から落ちるのを見たことだろう。ただニュートンに直観が働いて、その落下を引力の考えに関連付けたのだ。それから知識と理性を働かせて、その法則の発見に至ったのであった。何人の人が、礼拝所の中で灯明が綱の先にぶら下がっているのを見たことか。そこへ風が吹いて、振り子のように動いたのだ。それに直観が働いたのは、ガリレオであった。そして振動の法則を発見した。その後理性と科学がその法則を補充して、機械工学にも活用された。以上のようにまず直観が働いてから、理性が起動されるということである。

次に宗教の分野ではどうだろうか。さまざまな時代にいろいろの宗教がおこった。そうして宗教家たちが言ったのは、知識による方法ではなく、真実を知ったのは直観であったということだ。理性ではなく、嗜好に拠っていたという。このような方法によるものは、理性によるものよりも、じかに目で見て耳で聞くように、強力で明澄《めいちょう》であったという。かれらには疑問というものが生じないが、それが神秘主義者であり、アルガザーリー（アブー・ハーミド・アルトゥースィー・、一一一一年没）であり、三世紀の哲学者プロティノス（二〇七年頃没）などである。かれの言葉にあるのは、描写を超えた形で四回真実に至ったが、それは「真実を見たが、神に到達したのだった」と言う。これを伝えたのは、弟子のポルピュリオス（三〇五年没）であったが、かれの言っていることは真実だと知っていた。自分自身が六八歳の時に、この方法で一回神がお目見えになったことがあったというのである。感覚、理性、そして魂で認識するが、魂による方法が前二者よりも潤沢で正直だという。というのも、われわれの真実とはわれわれの魂であり、世界の事実とはあの方（神）の魂であるのだ。だから魂を魂で認識するほど、正直なものはない。かれらは理性では見られないものを、直観と顕示（カシュフと言われ、神秘主義者の用語）は見せてくれるとする。だからかれらは、直観認識を霊知（マアリファ）と称して、理性によるものを知識（イルム）と呼んでいる。前者の目的は知恵であり、後者のそれは哲学である。前者の手法は愛情と霊操であり、後者のそれは実験と論理である。前者の認識は瞬時であるが、後者のそれは少しずつである。前者の中心は心であるが、後者のそれは頭である。

心理学では当初こういった現象を拒否していたが、最近はそれを変えてこういう心理の諸例を取り上げることとした。それは正しいいくつかの現象や、あるいは篤信家が到達した科学では到達できない驚くべき諸事実が、心理学を当惑させたからである。特にこれらの篤信家たちが、読み書きできず、さらには教育も受けていないというケースがあったからだ。

＊＊＊＊＊＊

哲学と宗教

完璧に理性的な人の例として、哲学者のアリストテレスらを考えよう。また完璧に直観の人として、預言者を考えよう。哲学が欲するのは世界の原因であり、基本原則である。また世界にある最初の原子から最高の存在までを集める原則もそうだ。最初の細胞から、国王、そしてアッラーに至るまでである。それを既知の諸事実から出発して、何らかの結果を得るという、論理的な思考で達成するのである。さらにはその結果を、さらなる最高の結論へと導く。だから哲学の目的は、第一原因の究明である。もし知識が樹木の枝であるとすれば、哲学はその根本を目的として、世界の樹木を構成している初めの種子を知りたいとするのである。この哲学の目的は、他でもない宗教の目的でもある。

宗教は世界の初めの、そして最後の真実を知りたいと考えるのだ。そしてアッラーがその最初であり最後の存在であるので、それを知りたいということになる。それを既知の事項と結論という手法ではなく、自身とアッラーの関係を強化して達成したいとするのである。それが採る手法は、最小の魂から最大の魂へ向けられた愛情と憧憬《しょうけい》である。人間には自然な方法がいくつかある。一つは、哲学の好む考える理性である。次には、宗教の好む熱い愛情である。人には研究する理性と、完璧さを求める際や周りの障害を乗り越える際にも依拠する力を求める心とがある。

哲学と宗教は目的を一つにするが、方法が異なっている。哲学者と篤信家とは同じ道を旅することはない。哲学者は理性を駆使するが、篤信家は心を忙しくする。前者は頭脳を育て、後者は理性を無視しなくても感性を育む。理性の立つ人は、いつも不満だらけで、信仰はしないし決意もしない。心が大きければ、熱く希求する者として、愛する者を信じるのだ。そこに議論や疑念は禁断である。そこで篤信家の喜悦と安寧は、哲学者の喜悦よりも大きく強いものである。哲学の方法は難しくて、知識、術語、そして教育を必要とするので、特定の人たちにしか向いていない。他方宗教は、誰にでも可能である。そこで高度の哲学者は特殊な人しかいないが、篤信家は特殊でも一般的でも、両方の層にいるのだ。心は信じることができるし、また決意もできる。それを理性はほとんどしないのだ。心は安寧で、理性は当惑である。もし決意する人がいれば、それは心の支援によるものである。アルラーズィー（ファフル・アルディーン・、一二一〇年没）らは、哲学が当惑に服したとしてその命運を残念がった。一方ヒューム（デヴィッド・、一七七六年没、英国人哲学者）は、神の真実とその自然に関して決意することはできないと宣告した。しかしあなたは篤信家で当惑している人や、愛情に悔やんでいる人はいないことを知っている。理性はそれが純粋になれば、向上する。他方、心が向上するのは、愛するものを結びつける紐を伸ばすときである。だから心のある者は、その人柄をよく感じ取れるし、その安寧を多く感じるのである。信仰すると、高尚な魂（アッラー）は小さな魂（人）と呼応していることを感じ取るのである。

宗教の世界

宗教の基礎は、この物質世界の裏には、精神世界があるということである。それは幻想や詩的な王国ではない。それは存在すべてに関する、真実の王国である。つまり美、植物、動物、そして人間すべてである。その精神性の薫香は最高の魂である、アッラーからのものである。

「かれを、称賛（の言葉）をもって賛美しないものは何もありません。ただしあなた方は、それらがどのように賛美しているかを理解していません。」（一七：四四）

感じようが感じまいが、何事にもその精神的なメッセージがあるが、それは精神性において異なっている。それが異なる様子は、各世界の個人や各グループの事柄が異なっているのと同様だ。それはあたかもピアノの調子に強弱や剛柔や高低の違いがあるのと同じだ。自然の存在の中には、段階というものがある。身体、家族、軍隊、山河や丘や樹木と花々の集まり、あるいは太陽系の星々など、いずれもそうである。どれにも高低の段階がある。それに気づいたのはダーウィンであるが、かれは進化論を唱えた。どのグループにもその部分より価値や機能が一段と高いというボスがいる。それがその種を代表するということになる。精神界でも同様であり、この価値の差があり、このさまざまな段階がある。この段階こそは、上ってゆくアッラーへの道のりである。

この精神界の個々人は、感性、愛情、熱情、そして最高の魂の光を受け止められる能力において差異がある。そして啓示と直観を受け止める能力の差がある。宗教では、それを光で示すことがよくある。太陽は光を発射し、月はその光を受け止めて地球に送る。またその周辺の星々や星座に対しても、位置など受け付ける条件次第だが、やはり光を送っている。これは精神界における精神的な意味合いの表現として、適切な例えになる。クルアーンの中でも光章には、最高の節がある。

「アッラーは、諸天と地の光です。かれの光を例えれば、ランプを置いた壁龕《へきがん》のようなものです。ランプはガラスの中にあり、ガラスは輝く星のようです。（そのランプは）祝福されたオリーブの木（の油）で灯されています。（その木は）東方（の産）でもなく西方（の産）でもなく、その油は火がほとんど触れないのに光を放ちます。光の上に光を添えます。アッラーは望みの人を、かれの光に導きます。アッラーは人びとのために、このように例えられます。アッラーは、すべてのことをご存知なのです。」（二四：三五）

この最高の魂は、すべての知識、能力、知恵を集める王国の長であり、望むものを望む者に対して与えるのである。（預言者の）それとの関係は、月と太陽であり、光を受けてそれを放つのである。あるいは受け入れて、発出《はっしゅつ》する。（通常の）人は預言者ほどでなくて、自分では（啓示を）受け付けないのである。またかれらに放出されたのではないが、（預言者から聞いて）放出する。これらは、精神界の諸法を人間の舌で説明することになる。かれらは苦痛を受けて、また誤っている人間性の叫び声に対する応答である。あるいはかれらは、傷付いた人間性に対する妙薬である。またかれらは、用意のある人は誰でもが分けてもらえる、光を広める者である。その人の言葉で、そしてその人が受容できた範囲で、宣教しているのだ。その言い方で、また心に対して広めていた光でもって、人々に影響も与える。だから多くの信者たちは、信じていたのは、支援であって議論ではなかった。「何だ、これは嘘つきだ」という人もいた。かれら宣教者は、人の心に光を投げかけていたので、理性で説得する方が少なかった。かれらは身体と欲望と地上の争いが集まると、人々の心を天上に（説諭で）高め、過ちが明らかになるのに合わせて、その社会を改革しようとした。かれらの教えで種子を撒いて、事後にそれらの過ちに気付いて修正するための指導をしたのであった。

最高の魂は、誰が啓示と直観に向いているかの選択をする際に、物質世界で気にするような、威厳、資産、血縁、知識、あるいは教育などには目もくれなかった。その選択には心だけが重要で、そのメッセージをどこで表すべきかについては、最もよく知っておられるのだ。

【註】人は天に向かって直観するとして、天から人に向けられるのが啓示である。いずれも絶対主が選択されるものだが、人の「心」が基軸であるとされている。これは現代の日本語だと、宗教的天分と言い換えた方が分かりやすいかも知れない。他方、天分があるから教えが伝えられるのであれば、伝えられる人に天分があるというのと、同義になってしまう。やはり「心」が基軸であるとするので十分なようだ。『溢れる随想』第六巻四五―五〇頁。アルサカーファ誌、一九四四二年八月一四日。

一〇、精神生活について―啓示

直観のために精神性の一吹きを頂戴した人は誰であれ、その精神性をその人の準備の程度と傾向性に従って表すものである。電気はある時は熱となり、ある時は冷房となり、ある時は光になるようなものだ。だから音楽家は、その直観を音楽的に反映するし、詩人は詩的に、画家は絵画的に、預言者は預言でそれを表す。この中で預言者が一番高度な直観を得る。その受ける照明は一番強いし、その種類も一番完璧だし、それが映す光は一番利益が広いうえに一番真実の中核へと導くのだ。預言者には詩人性はあるが、詩人ではない。音楽性はあるが、音楽家ではない。また哲学はあるが、哲学者ではない。預言者はそれらすべてを超えている。というのは、かれは最高の魂に近いことと、かれを反映して種々の生活を照らす光の力が強いためである。光線が落ちた人の心を照らす、顕示の光である。この光とは啓示であって、耳にする音声や見える天使といったように啓典にあるが、どのような形をとるかは分からない。それは研ぎ澄まされた心である。そうして目で見て、耳で聞くということになる。その際には、感覚的な視覚や聴覚よりも強く真実が認識されるのである。

預言の言葉の難しさ

何と預言者のメッセージの難しいことよ。音楽家、詩人、作家、絵描きたちは直観で、楽器、筆、舌、色彩ではできないことを認識する。直観によるものよりも感覚的なものの方が、表現は簡単なのだ。そこで直観に拠る者は、足らない所を補うものを考案しなければならない。それが詩人や作家の場合は、隠喩《いんゆ》、暗喩《あんゆ》、比喩、あるいは譬えということになるが、説教者であれば示唆《しさ》であり、その他の芸術家もそういった類《たぐい》の工夫をすることとなる。しかしそれでもかれらは、感じるところの表現は困難とし、感じるところと表現するものとの大きな違いを指摘するし、それは預言については、より複雑で困難ということなのだ。その理由は、小さな地図に世界を表示しなければならず、グラスの中に大洋を示し、そのポケットから天地を提示しなければいけないからだ。だからどれほどその含蓄は深くて、その示唆するところは遠いものであったかということになる。

もう一つの困難性は次の通りである。預言者はその使命に鑑みて、魂と物質の間を移動しなければいけないということがある。最高の魂に通じる必要があるし、また伝播するためには民衆に通じなければいけない。いわば頭は天上で、脚は地上にあるといった姿である。

またもう一つの困難性は、大小や広狭、闇と光といった、さまざまな心の要求に直面するということである。必要とされて可能なものは、すべてを提供しなければいけないのである。種々の要求を調整し、矛盾する状況も解決しなければならない。だからいつも自らとの闘争を覚悟しなければならず、同時に敵との闘争もあった。友人との闘争や、最後には世界との闘争である。だから、人生は闘争だ、と言われたのは本当のことだ。人々は自らが、敵味方の裁判官になったのだが、その究極としては政府というものがあった。

預言者たちの使命は見える側面では、儀礼を確立することと社会改革のための立法であった。もう一つの見えない側面は、権利、真実、そしてアッラーを心によって知るために、精神が昇るための階段を設けることであった。自然的・社会的な環境と人間性の程度の差によって、儀礼と立法内容は宗教により異なる。内側のメッセージについては、階段のレベルしか違いはない。そして真実は全宗教の目的である。したがって預言者たちの使命は、哲学者たちがその哲学上の学説に関して、互いに異なるのとは違っている。ある哲学者が何かを決定したら、別の哲学者は直ちに異論を申し出るだろう。哲学者なら先輩の建物を、後輩が拒否することがありうるのだ。しかし預言者たちはいつも決定して、その後はその上に構築するのだ。物質の後ろの指導者である理性たちはいつも窮して、闇の中にいるのだ。心はそういう中でも、洞察力のある指導者である。日中の明るさの中の指導者である。その心であれば、一〇〇人が話しても見解一致するだろう。しかし（哲学者は）頭が三つあっても（三人でも）、それらは異論を唱えるだろう。真実が見えないのは、光を見るためにかれらの心を閉じたからで、小さいことに終始して、全体ではなく一部しか見ていないからだ。人は個人としては、愛されたり憎まれたりする。あるいは驚異の目で見られる。鳥肌が立つと言われるかもしれない。しかし全体としての人間性は、愛されるのみであり、それは驚嘆の的である。

歴代の預言者

連綿と続く預言者を見ると、かれらの間には教義や原則の共通点がある。かれらはアッラーを、そしてその完璧さと能力については強く信仰しており、人の栄誉や責任、そして過ちと指導の必要性を信じている。またかれらはその民族の伝統や知識や論理に縛られたものは、一切受け付けないことを強固に宣言している。しかしアッラー自身からかれらの心にメッセージがあり、その光からかれらの心に光が指し、かれらは哲学者や科学者のようには疑問を抱いていないのだ。それでいて、かれらはその民族や国王から最大の苦痛を舐めさせられている。ほんの少しも教義から外れることはなく、目でいろいろ見るよりも誠実に心で真実を見ているのである。そしてかれらは主のメッセージを、自分で意識したように伝え広めている。そうすることでかれらは、世界と善に関するかれらの知識が、より高い所から心に来ていると確信している。他方、科学者と哲学者の知識は、もっと低いところからかれらの理性まで来ていることも確信している。預言を伝えようとする人たちはかれらの方法を拒否したが、科学者は代数学、工学、幾何学以外の方途では何も受け付けないことを望んだのであった。しかし本当にわれわれの全知識は、そのような（科学的な）方法でしか得られないというのだろうか。

人間はもし代数学や工学を知っていたならば、真実を知り、真実を感じられるかも知れない。そして心は愛を感じて、その愛も代数学の事実のように、事実を伝えるかもしれない。人の願望、希望、恐怖、安心は、すべて工学の事実のような事実であるのだ。だから人間は、理性と心なのだ。それぞれに滋養があって、人は哲学、論理学、科学のパターンが半分であって、人間の諸天分をもって（残りの半分は）宗教の信徒なのである。

それぞれの天分には育成方法があるが、理性は実験、論理、そして原因と結果を結びつける訓練などである。あるいは、結論と先行する事実の連動とも言えよう。他方、感性の育成方法は、霊操、精神浄化などである。その一端として、宗教儀礼がある。

＊＊＊＊＊＊

感性と理性

宗教家は、宗教の支援と支持のために、二つの方途をたどった。一つは理性を磨く方法と、もう一つは感性を鋭くする方途である。前者は神学者で、後者は神秘主義者である。これはあらゆる宗教を通じて言えることである。また前者は宗教を論理と哲学にして、主の存在とその属性に関して理性的・論理的な証明のために、膨大な著作を残した。だが私が見るところ、かれらは科学者が理性的な証明をするほどの成功は納めなかった。もし科学者が化学や生物学や数学の法則について語り、証明するならば、それは国や宗教や東西に関係なく、すべての人々がそれを信用する。しかし主の単一性を説く神学は、信仰する者への証明であり、信仰しない者へのものではない。またそれは宗教支持者のものであり、宗教に反対する者のものではない。だから歴史上、神学が信仰せずイスラーム化していない人の信仰の起因となった例は、まず見ないのである。一方、大半の人たちの信仰は、論理学によるのではなく、心を揺さぶる唱道が起因となってきた。

一度読んだことのある小話である。ある時二人の親友が散策に出た。かれらは宗教について話し合っていた。そうしたら美しい花で一杯の素晴らしい庭に行き当たった。赤や黄色のバラ、また純粋の白バラ、そして咲く前のつぼみなど。大気は花の香りで一杯になり、風は木の枝を揺らして遊んでいた。こうして周りの美が、かれら二人の心を捉えていた。そうしたら、一人が叫んだ。これはアッラーの証左で、ここではかれの偉大さやその美しさに膝付くべきところだ、と言った。他方、その友人で冷徹な学者は言った。学術的な証拠はどこにあるのか、美がアッラーの証左であるという論理的な証拠は何か、美があれば醜ありで、開く花があれば枯れる花ありなのだ、と言った。そうして二人は、戻って行ったというのだ。一人は信仰を持ち、もう一人は非信者であるという話。

神秘主義

神秘主義者たちの方途について言えば、それは感性を育てて理性ではなく心を強化するのである。そして物質に依存しているその魂を浄化する。そうして最終的には、主である最高の魂に到達するのである。こういう霊操で、かれらは感覚的なものよりはもっと明確で高尚で明澄に、真理の解明に達することとなると信じているのだ。またそうしてこそ、物質が服従している限界や時間や場所というものに服従しない精神世界に臨むことができるとするのだ。ただ残念ながら、かれらはこの精神世界を明確に描写することができなかった。逆に言えば、われわれがかれらの描写をうまく理解できなかったのである。そこでどの宗教でも、まったくの曖昧さが、そのすべての著述や発言を支配することとなった。

以上の原因として、理性的な思考は広く人々に知られていることがある。情報は人の頭から頭へと伝えられるが、感性によるものはそうでもないということである。光や引力の法則、数学や生物そして科学の法則、さらに工学の理論に従って他の人に証拠立てる（説明する）ことは容易である。しかし感性の事柄は、そうはいかない。もしあなたがこの三角形はあの三角形と等しいという証拠を知らない他の人に伝えようとするならば、それは容易である。ところがもしナシを食べてそれが甘くて香りもよくて食べ応えがあったとしても、それを食べなかった人に伝えるには、大体であるか何か類似を示すしかないだろう。もしその人がナシに近いものを食べたのであれば、その人には類似のものを言えば、正確でなくても大体の理解は期待できる。そうしないと理解などは、とても望めない。私に憎愛、驚異といった感情があったとしても、それを伝えるのは難しい。感性や感情は、「個人的な記憶」であるが、しかし理性は誰でも持ちうる「公共的記憶」なのである。

そこで伝達可能な知覚とそうでない知覚に分けることができる。言語は感覚的なことや理性的なことには従順な手段である。しかし感性や感情の伝達には不向きである。直観や霊操による霊知は、理性と感性の両方を少しずつ採用している。しかし感性の方により近いとは言える。理性に近い面では、合理的な物事の発見をする。他方、感性により近い場合は、伝達するのは困難である。

神秘主義の感情が個人的である以上、それを言語表現によって伝達するのは難しい。それは曖昧さに包まれており、言葉は助けにならないのだ。誰かそれを理解して、参加できる人がいれば、それはそのことを経験し、その道を来た人であろう。そしてその理解に近づくか、もしくは直感でそれを乗り越える人である。これについては、アリストテレスが言ったことが妥当する。つまり、子供は数学者にはなれるかもしれないが、政治家にはなれないということだ。数学は学んでその法則を記憶して、その推論も理解することができるだろうが、政治はそういかない。政治というものは、生活の裏打ちが肝心だからである。子供は種々の出来事に出くわして、経験するということはまだなのである。そうすることで、さまざまな潮流を感じてその結果を観察することができるようになるのである。

神秘主義では、霊操と精神浄化によって、理性的な思考とは全く異なった結論に達することとなる。合理的に考えれば、認識する者とされる者とは別物である。知る人と知られる対象とは別である。工学上の問題解決について言えば、その問題は私とは別物であり、その問題を考える人とも別物である。しかし神秘主義では、そうではないのだ。そこでは知る人間と知られるものの間の境界線はなくなり、霊知を持つ人と霊知とは別物ではないのだ。もし心がアッラーの下《もと》の知識に達するならば、その霊知者の個性は消失してしまうのだ。そしてその個性は霊知と合体して一つになる。こういったことが、この人生で起こりうるのである。そして死後でも起こりうるという。これに近いことでは、愛する二人の魂は一つになるようなものである。私とかれという表現は、外面上の言葉となり、内心の言葉ではなくなる。心とその愛されるものとは一つなのである。そして虚偽の心は、真実の心の中で消滅するのだ。このために、人は「自身の心を知る者は、その主を知ったことになる」と言った。神秘主義の著作すべては、これを中心に回っている。

【註】本節では神秘主義を宗教一般の中で扱う立場から出発している。他方、イスラームの神秘主

義は、禁欲的な生活や訓練方法、そして思想面では神との合一論で知られる。アミーンはかなりその傾向になびいていたことを自認している。しかし現在のイスラームの主流では、神秘主義は排除され、警戒心をもって見られることが多い。『溢れる随想』第六巻五一―五五頁。アルサカーファ誌、一九四四年八月二一日。

一一、精神生活について――科学との共同

ネズミがその成長に必要とするミルクのさまざまな栄養素を、五〇年間に渉って細かく調べた科学者の話を読んだことがあった。そして科学者は天然のミルクに入っているタンパク質、脂肪、糖分、塩分などのすべてと、ネズミの成長に必要だと科学的に確認されたものを含む人造ミルクを準備した。それは最良の実験室で作成されて、完璧なものとなった。そこでそれの詳細な調査をすると、天然のものとは寸分も違わないことが判明した。味わいもまったく同じだった。しかしこの人造ミルクを実際に小さなネズミに与えると、成長は止まって体重は減少してしまった。そして死んでしまった。そこで科学の出番となり、この人造ミルクは生命の必須な養分である、ビタミンが足りないことが分かった。さらにこのビタミンの他にも、何か不足したものがあったかも知れない。

この一件は、私に科学と宗教の違いに関して思い起こさせたものがあった。それは物質と魂、あるいは理性と精神の関係でもある。外見では物事を完結させるかも知れないし、そして実験では何も足らないものはないということかも知れない。ところが、それはその魂を喪失したということである。この人造ミルクがビタミンを失ったようなものである。

生命科学の遅れ

前世紀は科学がどの分野でも長足の進歩を遂げた。生物、化学、心理学、社会学、産業関連などである。ところが「生命理論」の方面では、ほとんど進歩はなかった。そして不毛で野蛮な所で驚いている一人の可愛い子供を描いた画家の凄い絵画は、回答もなく変わりないのだ。その下の方には、次の質問が書かれていた。一体何か？　どこから来たのか？　そしてどこへ行くのか？

医薬学、解剖学や外科手術などは進歩した。そして、電話、写真、ラジオ、電気製品などがある。しかし最大の驚きである生命科学はそのままだ。死や生である。科学はそのさまざまな武器を使っても、まだそれほど進歩していない。発明された品々はどれほど巨大で、そして繊細で、複雑でも、魂のない機械に過ぎないのだ。ちょうどそれは、どれほど美しい銅像であったとしても、ピグマリオンが命を吹き込んでほしいと神に願った銅像に過ぎないのである。そして小さなハエがどうして生きているのかというほどには、巨大な機械も人を驚かすことはないのである。また巨大な機械も、その操作と監督には、生きた理性を必要としているのである。

生命とは何か？　それはどこから来て、どこへ行くのか？　科学は少しも教えてくれない。生命の成長は腹の暗闇に包まれて、その終わりは墓の暗闇に包まれている。命はそれら二つの暗闇の間にある灯である。二つの夜の間の、昼である。どれほどに物理学者や化学者が集まっても、細胞の命を復活させることはできない。クルアーンに言う。

「本当にあなた方がアッラーを差し置いて祈るものたちは、たとえかれらが束になっても、一匹のハエも創れません。」（二二：七三）

細胞を分析して、気のすむまで炭素、水素、酸素、窒素に分け、あるいは他で言うところの電子などに分けるのもいい。しかしそれらをいくら並べても生命の創作には欠けるものがあり、それ自身では生命ではない。肉、血液、心臓も命ではない。好きなように進化論を語っても、それではある種から別の種への移動は説明するだろうが、それでは初めの細胞の初めの命は説明してはいない。科学者は、植物、動物、それからわれわれの身体の構成物質を説明するとしても、そして各部位の術語を定めるとしても、しかしそこで休止してしまうのだ。どのようにして細胞に命が生まれて、バラの木の細胞がどのようにして同じような細胞のバラの木を生み出すのか、そしてヤスミンの木はどうしてバラと異なる別のヤスミンの木を生み出すことができるのか、さらにはどうして動物は植物と異なり、牛、羊、猿、人などの細胞を作れるのか、これらすべてに科学は全く歯が立たないのである。

生きとし生けるもの、すべては死を迎える。逃げることはできない。それは間違いなく訪れる、自然現象である。科学の力で死を数時間、いや数日先延ばしはできるかも知れない。何か月、何年もかかも知れない。しかしそれらすべては、遅らせるというだけであって、停止させるのではない。そうしようとしても、それは全くできない相談である。また科学は死の現象を説明することができない。そもそも命は、どこから来て、どこへ行くのかも分かっていないのだ。

宗教というものは科学が終わるところから始まる。それは論理ではなく、信心によって死や生を説明する。アッラーが命を与えると、クルアーンに言う。

「かれは死から生をもたらし、生から死をもたらします。また死の大地に生命を吹き込みます。そして、このように、あなた方も（墓から）外へ出される（復活する）のです。かれの印の一つは、かれが土からあなた方を創ったことです。だから見なさい。あなた方人間は（地上に）拡散しています。」（三〇：一九、二〇）

アッラーは生存している間は、命を長引かせ、死に臨んではそれを奪う。またアッラーは新たに復活もさせられる。

「また、かれの印の一つは、かれの命令によって諸天と地をしっかり存立させていることです。それから、一声かれがあなた方を呼べば、見なさい。大地からあなた方は外へ出るのです。諸天と地にあるものはすべてかれに属します。すべてはかれに従順です。かれこそは創造を始め、さらにそれを繰り返す方です。それはかれにとって、より容易なことです。そしてかれに、諸天と地における最高の例えは属します。かれは偉力大であり、英明なのです。」（三〇：二五―二七）

生命には、三段階あって、この世への入場、その中での旅、そしてこの世からの出場である。そしてわれわれは初めと終わりの段階では何も権限はなく、能力があるように見えるのは、中間段階だけである。そこではわれわれの手中に、善悪、損得などがある。そして時計の針を遅らせたり早めたりはできないし、分も秒も定められて動く振り子のように、われわれの動きは定められている。いや、それだけではなく、われわれに対しては現在動いてそれを制約するものとして、われわれの過去がある。そして明日はそれが動いているのか、停止しているのかを私は知らない。私の責務は、周囲の人々を幸せにし、できるだけ人間性に貢献することである。

そこで信仰を持つ人は、主と通じている感触に喜悦し、またその精神の永遠性を感じ取れる。そこで死は、誕生と同様にただの物理現象とさえ思える。誕生前にも存在していて、誕生とともにやって来る魂は、死に臨むが、その後も存続している。一方無宗教の人の将来は暗闇で、その消滅は迅速である。信者にとって死は橋のついている早瀬であるが、無宗教者にとって死とは、暗い中に沈んでしまう早瀬である。後者には永遠なものはないが、前者には、アッラーも精神も真理も永遠である。

宗教はその属性を伴ってアッラーを完璧に定め、それが偉大であることや儀礼によって主と人間との良好な関係を定める。それはまた、諸規則と道徳に従うことで人間同士の良好な関係も定める。そして最後に、死後の魂と精神の存続を定める。それから過不足なく、善悪の所業に対する報奨を授ける。こういった事柄について、科学が発言する余地は何もないのである。

科学の過ち

一九世紀と二〇世紀においては、宗教と科学の関係者は熱い戦いを展開した。互いに自分にないものを収奪しようとしたのだが、両者とも過ちを犯してしまった。科学といえば、その機械や産業、あるいは人間の生活とさまざまな道具の変化をもたらしたことで、すっかり鼻を高くしてしまった。そして生活全般で能力を向上させて、ついには何でもできるのだと考えるまでになった。人々は科学的な証拠やその実現について話すこととしきりとなって、科学の言うことは真実で正しいのだ、そして次には科学の方が人々を実験台に乗せ始めた。ちょうどそれは岩石を調べて、構成要素に分析するようなものである。そしてついには、思考や感情も物質に分解してしまうのだ。そして属性からなる物質の外見に引き戻そうとする。胃袋から消化の胃液が出されるように、頭脳から思考が絞り出されるというのだ。

このような分析を、人間の詩や愛情や、あるいは宗教やアッラー信仰にまで及ぼした。そこには物質とその属性しかない。世界は巨大な機械でしかなく、しかも複雑だが、科学はそれを解説できるとする。進化論者たちは、何事であれ初めから終わりまでを科学的に説明するのだという勢いである。その結果、世界は完全に物質に過ぎず、真理も物質だとした。それらは巨大な機械が従っている諸法則に従い、それ自身で機械的に成長し段階も上昇する。ところが科学はこの調子で進んできて、生命と突き当たり、その説明には手が及ばないということになった。物質的な諸要素は物事を構成するが、それでいて結局のところは何もないのである。さらには諸事の真実は知ることがなく、知っているのは外見とその影響だけであることも判明した。

科学は物質の外見を説明することができたので、慢心からその真実も知っていると考えるようになった。しかしそれは「いかに」ということを知っただけで、「何か」ということを知ることはできないのである。科学の専門とするところは、自然な外見の世界は物質でできており、それは活動する機械であるということ。しかしそう言う代わりにそれが言ったことは、物質世界だけが真実である、そして物質だけしか存在しないということであった。世界の成長について生命は単純なものから複雑なものへとさまざまな要因で成長すると言う代わりに、生命の源はこの単純なものから構成された、そして人の源は神の能力でできたのではなく、それは単純な物質への太陽熱の作用に過ぎないと言うのであった。でもこう言うことは、科学はその領域を乗り越えたということを意味した。それは自身の所掌事項ではなく、宗教のそれであったのだ。宗教だけが物質の裏側にある生命、精神、そして神を説明することができるし、それが精神世界ということである。

宗教と科学の新たな関係

何世紀間も宗教人は科学者の権利を犯してきたが、科学はついに宗教に対する逆襲を開始したということになる。科学者は証拠に従って、物質とその属性に関しては決定権がある。地球の周りを周回する太陽ではなく、その逆で太陽を周回する地球の証拠が依拠する事柄を決定するのは、地理学である。天文学者も太陽系などのシステムを決められ、地質学者はやはり証拠が示すところに従って、何千年や何百年という単位で地球の年齢を調べる。単純なものから複雑なものへと進化することについては、ダーウィンが決める話である。そして科学者は物質の諸法則を発見して決めごとをすればよいのだ。要するにそれぞれに専属事項があるということになる。宗教人がそれに異議を唱えるとすれば、それは越境していることになり、他人ごとに口をはさんでいるということである。この則を知らない痛ましい事例が歴史には多数あり、宗教人が科学に越境し、その逆もあったということである。

最後になるが、最近では宗教と科学の関係者間で、喜ばしい進展がみられる。それは科学には自由にできる世界があり、そこには（新たな視点だが）理性や精神も含まれる自然の物質世界があるということであり、それには宗教人も口出しできないとされるのである。他方宗教にも自分の世界があり、それは科学が口出しできないような魂や神に関する世界である。そして科学者の描く地図は、その中心も視野も、宗教人が描くそれとは異なっているのである。『科学はどこへ行くのか』（一九三二年出版）という本を著したマックス・プランク（一九四七年没、ドイツの物理学者、量子論の父とされノーベル物理学賞受賞）という著名な科学者は、科学と宗教の間には本当の衝突はないと言った。それどころか、一方は他方を生かして支持しており、真剣に考える人は、宗教はその人の心の奥深くに植え付けられていることを感じ取るのである。その宗教的な要素は、大切に育てられて向上させねばならないのは、それ以外の人間的な諸要素と同じである。そうしてさまざまな要素は均衡が取られて調和させられるのである。

歴史上の偉大な思想家の心深くには、宗教性が秘められていたのは、偶然ではない。それは人前に見せびらかすものではない。そして理性と宗教の間の協力によって、哲学の最美の結果が生み出されたが、それが倫理道徳である。科学は生命の倫理道徳的な価値を、真実を愛して尊敬することを支援することで高めたのだ。つまり前者の真実愛に関して言えば、物質世界とその周辺の理知的世界の知識への継続的な愛情を示したということである。後者の真実への尊敬が強まったということであるが、それは科学知識の前進があるたびに、われわれは人間という曖昧な存在に正面から直面しなければならなくなったということである。

【註】宗教と科学については、二年前の講演のテーマでもあった（本章五節）。しかし以前は両者の認識方法が主眼だったが、今回は両者間の共同が中心点である。『溢れる随想』第六巻五六―六〇頁。アルサカーファ誌、一九四四年八月二八日。

一二、精神生活について――神秘主義者との共同

哲学者と神秘主義者の話

アブー・アリー・ブン・スィーナー（一〇三七年没）は、最大のムスリム哲学者の一人であるが、幼少の頃から手厚く哲学教育を施された。論理学、数学、生物学、天文学の授業を受けて、その後ギリシアの哲学に触れることとなった。そうしてアリストテレスのものを四〇回は読んだが、それでも理解できなかったそうだ。そこでアルファーラービー（九五〇年没、ギリシア古典の紹介で知られる）のアリストテレス解説書を読んだところ、今度は完全に理解したが、その間倦むこともなく、最も複雑な諸問題に向かって、休むことなく理性を働かせ続けたという。眠っても日中考えていたことが夢にまで出てきて、すっかり哲学を習得したのであった。そうして大中小のさまざまな哲学書を著すまでになったのであった。アッラーの存在、第一原因、唯一性などはすっかり自分のものとなり、また哲学で議論される、量と質、いつどこでといった問題や、運動などの諸問題も克服することとなった。

ところでかれと同時代人で知られた人に、アブー・サイード・ブン・アビー・アルハイル（一〇四九年没）といわれる男がいた。かれは、その活力あふれる意味深長な四行詩で知られて、アブー・アルハイヤーム（一一三一年没）に並べられるほどだった。またかれはペルシア

人で神秘主義者としても知られた。イブン・スィーナーが哲学者の訓練を受けたように、アブー・サイードは子供の頃から神秘主義の教育を受けて、イブン・スィーナーが論理学の教科書を読ませられたと同様に、アブー・サイードは神秘主義の教育として、心にアッラーを呼び起こさせることや、心を初め体全体にアッラーの文字を光で書くことを頭に描くことなどを教えられ、またできるだけペルシア語の四行詩を繰り返して書きとることなどを命じられた。その意味は次のようであった。

愛する方よ、あなたなしでは、私は休息の食べ物を味わうことができない。

愛する方よ、あなたの私に対する恩寵は、数え切れないほどだ。

私の体の髪が、もし舌であれば、こぞってあなたを唱念しただろう。

それぞれ浴びせる何千の称賛は、あなたがしたことへの当然のこと。

次いで、かれは黙想、孤独など徐々に段階を進み、当時最大の神秘主義者となったのであった。かれは神秘主義の多くの書籍にも記録された。こうしてイブン・スィーナーは哲学の偉人（アラム）となったし、アブー・サイードは神秘主義の熱血漢（ガラム）となった（両者は語呂合わせになっている）。

両名はニシャプールの街で会うように、その運命が定められていた。かれら二人は夜分、三日間に渉って真理について到達したことに関して話し合った。それから別れた。そこでイブン・スィーナーの弟子たちはかれに、アブー・サイードはどうだったかと質問した。答えは、「私が知っていることを、かれは見ている。」というものだった。他方、アブー・サイードも聞かれたので、かれは答えた。「私が見ているものを、かれは知っている。」

歴史家がどれほどこの話を疑うにしても、これは現実を語っており、なかなか良い小話である。それは哲学と神秘主義の差異を語っている。それは育てられる理性と、滋養を与えられる心である。哲学する理性と信仰する心の差異である。人の自然に備わっていて目的を一つにしているが、方法の異なる二つの天分である。論理、既知の事実、そして結論という手法を貫く理性と、愛情の道を行く心である。イブン・スィーナーは言っている。「時に問題が生じて、私は迷ったことがある。その判断基準の中庸を得ることができなかったときだ。」他方、アブー・サイードはその愛情の熱が冷めるのを見るときには、かれは迷ったのだ。前者は中庸を得るまで理性で考えるが、後者はその愛情に火が付くまで感性を震わせるのであった。

両者の混合

以上の二つの事例は、世間一般の諸例でもある。ある人は感性を乾燥させても理性を発達させている。もう一方では、理性を無視しても、心の熱情を発達させている。それらの中庸は稀《まれ》である。

それらの双方は、理性の認識を知識と呼んで、心の認識を諦観《ていかん》（ルウヤ）と呼んでいる。理性は父親として感情を息子に教える。しかし父親の心は、息子にそれを見させるのである。他方、理性は愛情があることを知り、心はそれを見せるというのである。

この世には、大洋でできる種々の波で一杯である。そのいくつかは目で見るし、他のいくつかは見られないものもある。その波が小さくなると人には見えないが、動物は見るというのもあるだろう。こういったことは聞いたり、嗅いだりするものにもある。ある種の波は、人が教えて動物が見るというのもあるだろう。例えば蜜蜂は何マイルも離れていてもヤシの木の幹を見るだろうが、人は知っていても見られないかもしれない。旅する鳥は何千マイル離れていても、自分の巣を見るだろうが、人にはそれは見えない。ラクダは砂漠でも遠くから水の在りどころが見えるが、人はそれを知ってはいても見ることはない。蟻はテントの砂糖の甘みを嗅ぐが、人はそれを知っていたとしても、その匂いを嗅ぐことはない。あるものは人にとって暗闇のようでも、それが別の人には輝かしいほど明るい光かも知れない。（先の）二人が言ったように、ある人は見て、ある人は見ないのだ。だから理性、直観、思考や詩、芸術や幻想、哲学や宗教、これらはすべてあの終わりなき存在の大洋の一覧表に過ぎず、それが大洋の波のいくつかを認識するのである。そして間違って知者は宗教の啓示を否定し、また宗教者は間違って知識の真実を拒否するのである。

神秘主義者は「本当に、本当に、本当に、自分は愛情の洪水に過ぎない。」と言うし、他方、知者は「本当に、本当に、私はあなたの言うことが分からないのだ。これでは冗談のようなものだ。」と言う。そこで神秘主義者は言い返す。「この私が真実なのだ。」そこで知者は言う。「私は真実そのものではない。私は生活で使うために、真実を探求しているのだ。」

私（アミーン）はと言えば、神秘主義者の愛情に鑑みて、かれを理解するものである。また知者のことも、その知識に鑑みて、理解できる。だが理解できないのは、それら両者は互いに否定しあっていることである。

人間の能力は種々であり、集合であっても同様で、力量は異なっている。環境も異なっている。昔から東洋では直観力で知られ、西洋は知識と哲学で知られることとなった。歴史家によると、哲学は純粋に理性的であり続けて、ギリシア哲学ともなったが、そこへ登場したのがアレキサンダー大王であった。かれは東西の精神を混ぜ合わせたのだ。当初の理性に加えて、後代の直観を加味した。見える世界の後ろの世界を希求するという特徴のある東洋の精神に、分析、説明、そして因果関係に特徴的な関心を持つ西洋の精神を協力させて、宗教的な哲学を創設したのであった。それは純粋哲学ではなく、また純粋の宗教でもなかった。

宗教が東洋に盛んな理由

バラモン教、仏教、ユダヤ教、キリスト教、そしてイスラームというように、大きな宗教はすべて東洋、そしてアジアで始まってから、世界に広まった。その理由は何なのか。その回答としては、長年インドに生活したイギリス人作家の話を読んだことがあった。かれは言う。

「寒い北風や暗さ、それと雲と雨では、人は外出する気がしないものである。家の中では内向きになるのが普通であろう。冷たい強風や、豪雨や、暗い日々では、精神は滅入るばかりで、身体を張り切らせるものはない。暖房をどう取るのか、どうやって栄養を取るのか、どうやって身を守るのか、外の天気は恐るべき敵であり、それが周辺を取り巻いていることは忘れられない。そこで不可避的に家で独《ひと》りぼっちになりがちであった。人間は一人で孤独になれば、存在物の音声を聞くこととなる。自然はぼそぼそとしか話はしないものだ。そこで完全な静寂が周辺に訪れて、その秘密を示し始めることとなる。

他方、東洋では、事態は真逆である。何週間、何ヵ月、いや半年ほどはすぐに過ぎる。また日中は（削られるところなく）掛け値なしで、夜もちょうど半日である。この環境では、人は自分自身を取り戻すし、深い砂漠は静寂に恵まれている。森林は限りがないし、その静けさと自身の黙想に何日もふけって、周囲の人々のことは忘れられる。自然に抱かれている実感がして、アッラーに抱かれている感覚である。」

「東洋では必要とするものが少なくて済む。暖房の心配はないし、住居の必要さえあまりない。食物や衣服も、慌てることもない。寒風や暗い大気といったことで、頭を悩ますこともない。樹木の影さえあれば、日中の避難所になるし、夜にはあなたの頭上を星々がキラキラと輝いている。自然以外とは遮断されるに近いのだ。あなたが愛されるように、あなたはその自然を愛するだろう。またそれを懐かしむのは、あなたが懐かしまれるのと同様だ。あなたがそれに調和するのは、あなたが調和されるのと同様だ。あなたが自然に自身を投げ込んだのは、自然のみずみずしさを賛美するためで、終焉を称賛するためではない。そうしてあなたは自然の秘められた音楽に耳を傾けることとなる。こうして諸宗教は太陽の輝く地上において煌《きら》めくが、それは光が諸宗教の源泉だからである。」

「あなたは宗教を知らない東洋を見ることはない。そこに足を運ぶときには、そこに注目するように。何があなたを驚かせ、何をあなたは人々の心に有効で影響があると思うのか？　それは宗教である。東洋はそれを誇りとし、外見からしてそうであることを好んでいる。だからこのヒンズー教徒は頭上に三個（三神の象徴）があり、あのムスリムは髭とターバンで目立つといった調子だ。イギリス人が路上で礼拝しているのを見ることがあるだろうか。そうしたときには、非難はせずにおいて、家に帰って礼拝しろなどと怒鳴らないように。その人は、篤信振りを人目に見せびらかせているのだろうか。東洋ではそうではないのだ。そこには何も非難されることもなければ、奇妙さもないのである。インドで列車に乗れば、日昇の時間になると老若男女が集まって礼拝を始めている。ムスリムたちはその衣服を広げて、カアバ殿に向かって全員で礼拝する。それはかれらの義務なのだ。西洋ではわれわれは、東洋の信仰の在り方が分かっていないのだ。東洋人は宗教をそれ自身で考えるのだ。西洋ではそうではない。つまり、他人との共同生活や、長時間同伴しても、一体どの宗教かといったことは質問しないどころか、そもそも関心事ではない。ところが東洋では宗教こそは、人にとって最大重大事なのだ。」

「宗教を巡っては、東洋と西洋の違いがもう一つある。それは西洋では宗教もあたかも政府のように、細かく制度化されている。教会も聖職者たちも、この制度にしたがって活動するが、その頂点は法王である。東洋ではそうではない。ヒンズー教の長はいないし、イスラームのカリフには実権はなくて、名目的なものになった。東洋での宗教は、大体は精神的で内向きである。だから組織も権威も不必要である。東洋では宗教の必要を感じたら、それはその人が探すこととなる。信じるのも自由である。主との関係の設け方も自由である。西洋の宗教は、規則に従う庭園のようである。その端っこは綿密に刈り取られている。細かい面倒見が行き届き、芝生に足を踏み入れてはならないのだ。規則と手法と細則がある。その理由は、種子が外から持ち込まれているので、どこまでも人為的な手配が必要になるのだ。その点、東洋流は自然の庭園だから、花々もその地域のものが気ままに咲いており、それの手当てをしたり刈り取りをしたりする庭師は必要としない。そこでは大も小も、元気さと天然の準備次第で成長する。」

「こういったことすべての次第で、東洋は宗教とその直観の源泉となってきたのである。」

【註】東洋と西洋の文明比較は、本書の第三章の主題となる。これは当時のエジプトを風靡した話題でもあった。なお末尾にある長い引用は、英人作家エドワード・モーガン・フォースター（一八九七—一九七〇年）の理性派と感性派の相克をテーマとした『インドへの道』（一九二四年出版）とも思われるが、未確認。『溢れる随想』第六巻六〇—六四頁。アルサカーファ誌、一九四四年九月四日。

『溢れる随想』

第三章　文明論

イスラームにとっては、西洋文明が挑戦として映ることとなった。一つは、近代西洋の力が中東アラブに対しては、植民地主義として登場したことである。二には、イスラームの伝統と歴史的自負心が大きいということである。一体何が間違っていたのかという疑問と自省心が付きまとっていて、それは時に迷いとなり、その兆候はいまだに払拭されていない。

アミーンが文明のテーマに関して書き始めたのは、一九三〇年代半《なか》ばであったが、その当時はかれの執筆量自体が増えてきていた時期であった。初期の論考としては、「文明の虚偽」がある。その後、一九三九年には、かれの主要な論点となる東洋の精神主義と西洋の物質主義というテーゼが登場する。この間、かれの西洋文明批判の論調は強まるが、それは当時の潮流の一翼をなしていた。他方かれは最後まで、西洋文明そのものを唾棄《だき》しようとするのではなく、一九四九年に至っても西洋の科学に基礎付けられて文明を構築すべきであると論じていた。

本章では、以上のような時代の主要作品を扱う。ただしその後、一九五五年、かれの死去直後に出版された著作『東洋と西洋』が、それまでの議論を収録して文明論に関する包括的な纏めとなった。

全般にあまり具体的ではない論法が多いが、それだけにいずれの論考も暗中模索の混迷の中からの叫びであり、時に怒号とも聞こえてくるのである。

一、失われた輪

エジプトでは、（物事の）輪が失われた。それは知的な環境からは、ほとんど感じられないだろう。それはわれわれの復興の重要な柱であった。しかし、それが失われたことで、われわれの有益な生産と正しい滋養に貧困がもたらされた。


（二つの流儀）

この輪とは、深いアラブ・イスラーム文化と細かいヨーロッパの科学的文化の双方を習得した一団の知識人である。そういった多くの人をわれわれは必要とするし、またかれらなしではわれわれの復興はままならないのだ。そしてそういった人たちの光なしでは、われわれは進むこともできない。

アラブ・イスラーム文化だけを学んだ人は多いが、かれらは現代に無知で、種々の見解、科学理論、文学や哲学を知らない。カントもベルグソンも知らなければ、ヨーロッパの作家や詩人、そして学者や研究者のことも知らない。知っているとすれば、それは雑誌、新聞や、何の役にも立たず知識も必要としない軽い読み物を通じてのものに限られる。

もう一方の部類は、ただ外国の文化を学んだだけというグループである。最新の生物学、化学、数学などの理論を知っており、新しいヨーロッパ文学の動向もフォローしている。出版された著作や物語、詩などもそうで、哲学的な思想やその新展開もそうである。ところがかれらは、アラブ・イスラーム文化に関しては全く無知である。もしもハリール（ムハンマド・、一一二年没）やアルファラズダク（七三二年没）やアルアフタル（七一〇年没）のことを話したら、かれらは顔を背けて、それは全くわれわれの世界ではないと言って異議を唱えるだろう。さらにもしアルキンディー（八七三年没）やアルファーラービー（既出）やイブン・スィーナー（既出）について話しすると、そんな名前は聞いたこともないと言って、かれらの書いたものには曖昧な文章や不鮮明な意味しかないと言うであろう。またそれらは、何の意味もないし、活力を与えるものでもないと。

昨日私は有識者たちと話をした。それはイスラーム暦四四〇年に亡くなったアルビールーニー（イスラーム数学者）に関することである。かれは数学や天文学上の理論を発達させたとして、ドイツの東洋学者であるザッハウ（エドワード・、一九三〇年没）がかれは史上最高の学者であり、是非ともそれに敬意を表し、またかれの業績を顕彰するためのアルビールーニー協会を設立しようと提唱している。しかし昨日の出席者の大半は、そのような名前は聞いたこともないし、読んだこともないと言うのだ。ところがかれらは、デカルトやベーコンやヒュームやジョン・スチュアート・ミルらはよく知っているのだ、イスラームの哲学者たちは知らないままで。同様のことは文学や科学分野でも見られる。かれらのアラブ文化の知識は、中学校の教科書に出てくるアラビア語文法やアラブ文学に限られるのだ。それもそういったことが、かれらの記憶に残っているならば、という話である。

こういう中で、前者はアズハルやダール・アルウルーム（一八七一年設立された新教育の学校でカイロ大学に引き継がれた）や司法学院（一九〇七年設立）の卒業生である。後者は、現代的な学校の卒業生や、ヨーロッパへの留学生たちである。ところがアラビア語に精通して、イスラーム諸学も知っている一方で、外国文化も十分習得している人たちがいないのだ。これがエジプトで欠けている輪である。それを失ったことが、理知的・文学的な生活の停滞の原因となっている。

前者が何かを生産したら、それは時代の精神を理解していないという欠点を露呈する。問題は現代の言葉であり、スタイルである。古い表現で書き、古いパターンで編纂し、それが使う諺は岩のように硬化している。人々はその修辞法に飽き飽きしているが、その主な例としては、「風呂場でライオンを見た（勇気ある男のことをライオンと暗喩）」や「雹《ひょう》でナツメを噛む（雹は歯で、ナツメは両唇のこと）」といった調子である。それに飽きてしまったのだ。「ザイドがウマルを打ったが、ザイドの顔は大丈夫だ」いう定型の文例も同様である。いつも同じ論法に嫌気がさしたのだ。つまり人は動物である、そして動物はいずれ死ぬ、だから人は死ぬというのだ。これは岩石だ、すべての岩石は鉱物だから、これは鉱物だと言っているだけのことだ。民衆は聞く耳を持たないとして（伝統派の学者たちは）苦情を言い、民衆も専門家たちは新たなものをもたらさないので、かれらに苦情たらたらである。古いものを魅力的にするわけでもないし、生活や環境の実感に迫るわけでもない。そこで民衆は離れ、専門家たちも民衆から離れていった。しかしその特別な雰囲気には満足して、民衆はそういう専門家たちを喜ばしくも思っていた。そして専門家は民衆とは違う道を歩み、異なる道案内に従ったのであった。

もう一つのグループと言えば、アラブ・イスラーム文化に弱かった。そして何かを作ろうとすると、様式も精神もうまく行かなかったのだ。何回試みても著作はもとより、翻訳もうまくいかない。他方一般の人々は、かれらが何をしようとしているかが分からない。読者は非難し、かれらを弱く停滞しているとした。また失敗だとも言った。要するに書かれていることが理解されないので、結局自身の（殻の）中で滞留することとなり、またそうすることで人々は（西洋式の）連中のためにもなった。そしてそれは翻って、人々が嬉しく思ったことでもあった。

こうしたことの結果、アラブ・イスラームの文学、知識、哲学などは、非常に豊かなのに少しも益することなく忘れ去られた。それを尊重し消化できる新世代を待つこととなったのだ。また人々が味わえるような様式も期待された。さらには西洋の文学、知識、そして哲学は、大半の人々の手には届かないものであった。もちろん雑誌や新聞など手軽に入るものもあることはある。それを読むのは（気休めで）、不安を除き睡眠を得るために過ぎなかった。一方潤沢な文学や深い知識、そして敬われる書籍や価値ある雑誌は、極めて少なかった。

輪が失われた原因

この輪が失われた原因は、われわれの教育が二股に分かれてしまったことである。アラブ・イスラームの教育は一方を行き、新しい文明的な教育はもう一方を行くという始末である。

それら両者を引き合わせ、あるいは互いに連結するような、真剣な努力が見られてこなかったのだ。だからこの失われた輪の復旧こそは、真に取り組むべき課題なのである。両文化を味わい両流儀を認め、両文化を横溢《おういつ》させる文学、知識、哲学を生み出し、ヨーロッパの文化と手法を移植すること、そうしてようやくアラビア語も強くしっかりし、イスラームの精神は強靭となり、他方ではヨーロッパ式に諸問題を魅力的に提示し、著作はエレガントになり、そこで両者が作り出すものの間に食欲の湧く比較もできることになる。

もしそうなればイスラームの歴史も読みがいのある様相を呈し、アラビア文学も読者に好まれる新たな衣服を着こんで人々に提供されるであろうし、イスラーム哲学は読者が深く沈潜し、その後その貝殻から出てきて、読者の目には光り輝く一つの真珠になるのである。

これが、リファーアト卿（・アルタハターウィー、一八七三年没、エジプト復興の先陣を切った一人）とその一派の成功した理由であった。かれらはその時代に、十分すぎるくらいに栄養を与えた。かれはアズハルでアラブ・イスラーム諸学を収めた後、フランスに留学して、今度はフランス文化を身に着けることができた。こうして両源泉を抑えて、人々が好感をもって受け入れ、気に入り、さらには復興できるものを提供した。そうしたことで、かれらは随伴した人たちや、後に続いた人たちの状況とは異なったということになる。

インドの例

インドの同胞たちは、この輪を創りそれから裨益《ひえき》する点で、われわれよりも先を行ったということになる。イスラームの歴史を新たな装いで記し、またイスラーム精神をもって西洋式のパターンで記述したのだ。またイスラームの宗教や法律を現代の言葉や精神やシステムで著した。アミール・アリー（一九二八年没）やムハンマド・イクバール（一九三八年没）らであるが、これら両碩学はイスラーム文化とヨーロッパ文化の双方を熟知していた。かれらの心はイスラームを愛しており、出版する著作を教養のある若者が読んで、それを気に入り、そのテーマも愛していた。もっと読みたいとも望んでいた。

一方では教養ある若者たちは、生物学、化学などの専攻であっても科学と合致する上に、その手法もなじんだものだとして、そういった著作を読むのである。ムハンマド・イクバールのものを読むと、そこにはカントの哲学を深く学んで書かれており、同時に詳細にアルガザーリー（ムハンマド・、一一一一年没）のものも登場する。そしてキリスト教とイスラームが比較されており、専門の研究者の研究内容を渉猟している。またゲーテのようなドイツの詩人も対象となり、驚異的なほどに分析されている。またムウタズィラ派や神秘主義の教養も取り上げられ、それらの深部に立ち入りつつ、ヨーロッパでされているように、味わい深く興味津々の国民的哲学を提示したのであった。

ところがインドの作品は英語で記されたので、エジプトなどアラブ世界は裨益しなかった。エジプトやシリアなどのアラブ世界で失われた輪が復活して、他者の様式で祖先の遺産に挨拶する日、そして東洋と西洋の知識の障害を打破する日、さらに二つの均衡の取れた路線が曲げられて合流する日に、東洋はそれに滋養を与えられるのであろう。

【註】アミーン自身留学経験はなかった上に、初めてヨーロッパに旅行したのも四〇代に入ってからであった。しかし若い頃より英語、フランス語を学び、アズハル（カイロにあるイスラーム最古の最高学府）に入る前には、新設された司法学院で西洋流の教育を受けていた。日本の和魂洋才と比較したとき、文化的に二分されがちな文化的環境であった点が、日本と異なる。近代中東地域に授けられた、性《さが》と言えよう。「溢れる随想」第一巻三〇―三四頁。アルリサーラ誌、一九三三年一月一五日。

二、文化の価値

文化には一定の金銭的な価値もある。学士、修士、そして博士など、文化の名称でもある。またそれは、長年知識獲得に努めたことへの栄冠でもある。その後この「金銭的」がやって来て、それらの段階がポンドで算出されることとなる。それぞれに金銭的な価値が与えられ、それらの間に差異があることは、正当化もされる。また同じ段階であれば、実際の文化的な差異はあっても、同一の評価を受けるのだ。というのも今のところは、思想（抽象的な文化）を正しく詳細に評価する基準が設定されていないからだ。もしそれがあれば、諸段階は取り消されて、能力評価ですべてを決定することができる。しかし誰がそれをできるのか、古いも新しいも、現在のところそのような天秤を創出することができないでいる。

同様に文化には社会的な価値もある。低い階層の人たちを上昇させるのだ。上流にすることもある。高等な資格を得ていれば、自分も周りの人も、上流の人との結婚を許すかも知れない。その出自如何にかかわらず、である。「婚姻の章」で昔の法学者は言っている。「知識の栄誉は、血筋のそれを上回る。」高級な文化人は、高級クラブの会員になる権利があり、そのためには血筋であるとか資産などは問われない。実際のところかれは貴族的な階層の子弟に対して、かれらが取得していない学位を得るなら、指導することにもなる。あるいはかれらが知らない文化を知り、文化的ではない人たちが得ていないものを持っているとすれば、その社会やクラブの尊敬するところとなる。それは家柄が良くなくても、また血筋がそれほどでなくても、そのような尊敬を集めることとなる。

文化の本質的な価値

しかしこういった文化の金銭的で社会的な側面をここで詳述するつもりはない。取り上げたい問題は、文化の本質的な価値とは何かということである。金銭や人の敬意などは、外部的な事柄である。では文化が持つ価値で、文化人の心に到達して、貧富や威厳の有無に関係なく、その心から離れないものとは何なのか？

私見ではあるが、文化人の持つべき文化の価値とは、この世に関する見識である。というのは、人の見方はさまざまであり、判断もバラバラである。人が視覚で見るところは、色彩で黒、白、赤、黄に関して一致しても、あるいは距離で遠近に関して一致しても、またはサイズで大小に関して一致しても、人が心で見るところに関しては、見るものも判断するものも一向《いっこう》に定まらない。低能者と哲学者の見るところは異なるし、両者の間には無限の段階がある。一つの事柄について、一つの意味があるわけではない。事実それは段階的な、さまざまな意味の連続である。そして人は、その素養と文化と嗜好によって、一連の意味から認識するのである。

伝えられるところによると、ある時、イーサー（イエスのこと）は同僚とともに遺体のそばを通った。「何と臭いことか」と一行は言った。しかしかれは言った。「何とかれらの歯の白いことよ。」普通の人が花園を見るのは、芸術家が見るのとは異なる。芸術家はそこに多様な意味合いを読み込むし、自分と感応する美を確認して、それはあたかも花園の一部のようにして自分の筆の上で動かすのである。他方普通の人の場合は、一つも意味をもたらさずに、ぼんやりと眺めるのである。それへの視点もなく、不毛で堅苦しい見方に留まるのだ。それを嗜好が助けることもなく、天分も奉仕することはない。

目に映るすべてのものは、こういった調子である。天地の全てには、種々の意味があるのだ。そこで文化の価値とは、馬鹿げた見方と低俗な意味から、その目を遠い見方と高尚な意味へと移動させるところにあるのだ。もし作家が女性の身体の美しさと各部分のバランスの良さしか見ないのであれば、それでは文化的な作家ということにはならない。それについては、アルムタナッビー（既出、九六五年没、アラブ最大の詩人とされる）が歌っている。

馬とは、友人のように数少ないものだ。
試さない人の目には、それがたくさんのように見えても。
その織物（馬の身体）の美しさ以外は見ないとすれば、
（また）その各部も見ないとすれば、美しさはあなたから隠されるだろう。

とにかく女性を悪魔と見るのか、あるいは人間、果ては天使と見るかでは、大変な違いがあることになる。人の目に映るすべてが、大いに異なっているのだ。

見識の向上

人は誰でも世界の一番低い所から一番高い所までについての、見方というものがある。周囲の物質や提示される資金、あるいはその人の目の前で、あるいは崇拝する神の前で続く作業なども含まれる。それらすべてにおいて、あるときは馬鹿げた見方をして、低俗かもしれないし、あるいは判断の水準が低いかも知れない。あるいはあまりないような高みに達するかもしれないが、文化の任務はその人を低い見識から高いそれに持ち上げることである。

人間の人生の見方は、借りたボートではない。それぞれのボートには、それ自身の将来がある。それは制限されており、その限度内のものではあるが。それは液体のようなもので、もしその一部に色を付けたとしよう。その色は全体に広がるだろう。もしそれを熱くすると、熱は平均化するために全体に広がるだろう。ところで物事の見方というものは、それよりも柔軟でより詳細でより高等である。一部の見方が高まれば、それは見方全体がさらに高度になるように、影響を及ぼすこととなる。だから人生の見方は、あなたが自分をどう見るかに影響されており、また逆も同様で、あなたも影響を他から受けているのである。本当にあなたが神をどう見るかは、周囲の世界をどうあなたが見ているかによって影響されているのだ。こうして文化は文学や科学などの諸方面において、関係がないと考えるものにまで、大きな影響を与えるのである。

次のように言った人は、大変な事態を物語っているのだ。「音楽を高めて、その音声や歌曲の嗜好を高めれば、その国は自由を熱望するようになるだろうし、不正や恥辱を拒否するようになるだろう。」脳味噌や理性や感性の大海は限られ、大変に神経質である。そこの各原子は小さなことで影響されるし、影響されたものに今度は影響を与える。新たな考え方は他の考えに侵入して、それを全く逆転もさせる。そうするとその主人は全く生まれ変わったように新しい人になるし、以前と風貌まで急変するかもしれない。そうなるとその人は、最も低俗な所から、最も高尚な所へと飛翔することになる。

以上、すべては正しい。文化の本質的な価値は文化人の物事への見方に、どの程度の寄与をしたか、そしてより正しくて新しい評価をどのくらいしたかということにかかっている。それにには重大な結果を伴うこととなる。宗教がどのくらい疲弊するかは、至高なる神と人生に対する見方のレベルを高める教育を、どれくらいしたかにかかっている。どのくらい善い知識に至るかは、正しく高尚な見方に導くようにどのように配慮したかにかかっている。人間の文化は、どのくらい本を読んだとか、あるいは科学や文学を知っているかではなくて、どの程度知識に貢献したかが重要である。また世界を総攬する水準の高さが問題である。そして感性と美を賞味するその高さに導いた技芸（文化）が、どの程度を指し示したかが問われるのである。

【註】文化の原論を内容としたものは、アミーンは本節を除いては何も書き残さなかった。他方、かれが一九三九―五三年の間編集長をした雑誌の名称は、『文化（アルサカーファ）』であった。そこでは歴史、文学など文化の多方面な議論を展開した。それらは、かれの言う「文化の本質的な価値は文化人の物事への見方に、どの程度の寄与をしたか」が問われているということになる。『溢れる随想』第一巻二五七―二六〇頁。アルリサーラ誌、一九三四年二月一九日。

三、向上の尺度

シリアの作家が聞いてきた。ある国が他の国より高度であるかどうかを計測するのは、どうしたらよいのか？　その要件と尺度は何か？　そして一国に限った場合、昨日と今日を比較して、どちらが良いかというときには、どの側面を考慮すればいいのか？

これは本当のところは、かなり難しい問題である。どの要件を残して、どれを捨てればいいのか、そしてどれに大きな影響力があり、どれが弱いのか？

種々の尺度があること

口から出るままに、次のように簡単な回答をすることもできるかもしれない。「国の程度の尺度は、道徳である。」最良の国とは、最善の道徳を維持しているところである。しかし道徳は変更されるので、これはあまり良い回答とは言えない。時代によって必要性も異なるし、勧められる諸義務も異なる。例えば現在の道徳が、祖先の時代には異なっていたであろう。子供を学校に通わせることなどは、以前はそうでなかったし、それは父親の自由裁量であった。国家の発展（への貢献）もそうで、従来は義務ではなかった。義務であったとしても曖昧で定義されず、方向も特定されてはいなかった。祖先の世代は、ヒジャーブ着用で男女間に堅固な壁を建造することが義務と考えていただろう。しかし今では、男女の教育が義務である。女子学生も男子学生と隣り同士で講演を聴講するのが、かの女たちの権利となった。女性も男性と同様、従順で無辜《むこ》な生活を享受する権利を持つに至ったのだ。こうして向上の尺度は道徳であると言っても、それは一般的な表現であり、何でもそれに該当すると同時に、それは何にも当たっていないかもしれないのである。

民族によってはそのような尺度は、宗教であると言うかもしれない。しかしそれも一般的な表現に過ぎず、その意味合いは人の視点の違いにあまりに左右される。（イスラームだけの）狭い理解ならば、それは礼拝、断食、喜捨、そして巡礼に過ぎないということになる。あるいは心が広ければ、それは何でも含められることとなる。

実際のところ、生活にはあまりに多様な側面があるので、向上の評価にはそれらすべてを考慮しなければ本当ではないのだろう。一国にある施設を考えても、それぞれはあたかも身体の細胞一つ一つに相当する。政府、教育、言語、宗教、家族、経済制度などである。これらはどれも変化する。そしてどれもが向上もするし、衰退もする。いつもそれらは、前進や後退を繰り返している。互いに強く影響しあって、強者は弱者に対して、そして弱者も強者に対して影響するのである。こういった指標のそれぞれがいつも変化していることが、向上しているのか衰退しているのかを見る、基準なのである。もし変化が高い方向であれば、それは向上だ。そうではなくて悪化の方向であれば、それは後退である。

尺度に沿った計測

ところが実際にこれを計測するのは、簡単ではない。いくつかの指標は悪化するかもしれないが、他方では他の原因からして改善されるかもしれない。また強弱の諸要件が、互いに影響する可能性もある。そうなると計測することは、最も困難な問題の一つとなる。理想を言えば、どの指標も良好な結果を出して向上し続けることである。そしてその前進振りが、他の指標にも適切で適当であること、飛躍もなければ、座り続ける（怠慢な）もののもないということである。もし教育制度で最良のものを国が選んでも、言語が適当な術語などを提供しない場合は、教育面の向上は望めない。そこで言語改革が課題となる。また最善の法学と裁判制度を選択しても、その後、国が家庭内道徳や私的な取引関係に気を配らないならば、司法的な観点からの向上は望めない。また国が最高の社会改革を立法化しても、経済面での配慮がないならば、その国とその改革は、(間接的だから)読者を喜ばせるかもしれないが、(当事者としては)決して見る者を喜ばせるものにはならない。

＊＊＊＊＊＊

良好な尺度

国の向上、悪化、その前後への行程を見るのに、非常に良い指標がある。一つは特定の側面に関して、他の国々と比較するということである。もう一つは特定の国に関して、現状と過去を比較するということだ。前者の方法では、向上の諸段階のいずこにあるのかを知ることができるし、後者の方法では、前後の進む方向を知ることとなる。

最重要の指標の一つとしては、その国の自然的・社会的な諸条件に関する状況を知ることがある。その世代が、与えられた環境を上手に使っているかどうかということである。祖先よりもその資源と幸福の源泉を見つけ出して、うまく駆使しているのかどうかということである。直面する社会的で自然的な諸問題を、以前より巧みに対処しているかどうか。そういった諸問題が生起したときには、祖先とわれわれを比較して、どのような手法を持って解決しようとしたのか？　当時は問題克服のためにどの程度、互いに協力できたのか？　そしてわれわれの場合はどうか？　国の資源は増大したのかどうか？　そしてそれで幸福になる人々は、増加したのか？　科学の利用法はどうか、死亡数や保健状態はどうか、清潔感はどうか、食料調達は容易になって、多くの時間が知識、技術や文芸に回せるようになったのか？　こういった諸問題がこのようにして定義されると、その回答はそれほど困難ではなくなるだろう。そうしてわれわれとしては、方向を明らかにして、向上の程度を計測することができることとなる。

機会均等へ向けて

別の観点だが、向上の指標として最大のものは、「有能な人材の障害を明確にする」ということがある。入学や求職に当たってその人の能力と真剣さに従い、要望通りにその人の進む前方に、どのような道が開かれているかを知らせる必要がある。先進諸国ではこの点、相当の前進を見せている。高いポストを貴族階級が独占することは廃止された。希望通りの教育も受けやすくなった。私は個人の能力評価を高く買って、その環境（社会的背景）評価を優先することはなかった。つまり「依怙贔屓《えこひいき》」を止めて、貴族階級重視も止めたということである。階級を重視するような、封建的な方法も止めて、乗り越えられない分離壁を設けないようにした。そして新しい経済制度も取り入れて、誰でもその能力に応じて、できる限りの向上を目指せるようにした。自分では目標に到達しなかったという場合でも、進む先にはどのような困難と長い道のりが控えているかを知ることは重要であり、それはその人の、その後の実現を可能にして、容易にするかもしれないのである。

＊＊＊＊＊＊

資源の無駄使い

国の資源も向上の証となるだろう。それは「公共」のためにどれほど支出されるかという観点である。学校、工場、礼拝所、娯楽地、公園などが挙げられる。支出される金額だけが問題ではなく、支出される方法も問題であり、最良の方法を目指すべきである。公費の予算ばかりではなく、民間からの寄付などの支出負担も考慮されるべきだ。富裕層が貧者に同情を寄せない場合は、そうでない場合の諸国と比較すると、生産力は低迷することとなる。学校、クラブ、病院、慈善団体などは、富裕層の資金で賄《まかな》われることも多いからだ。

家計の支出状態も一考してみたい。家計が適切に維持されている国は、そうでない国よりも一歩進んでいるということになる。何が必須であり、何が補完かを知って、必須なことが充足されてから、追加を考えるということである。また補完が充足されれば、それから必須でもなければ補完でもないものに取り組むということになる。そうすればその家庭は、最も幸せになり、最も平穏になるだろうし、同時に向上も望める。いずれにしても、国というのは家族の集合であり、その向上も家族の向上の集合なのではないだろうか。

さらに収入は少なくて資産も限られたものであっても、より合理的で支出も綿密な家族はそうでない家族よりも、一段と幸福であろう。それは国についてもいえることだ。最良なのは、一番金持ちということではない。その資金の使い方を知っていて、高度な制度を採用している国である。改革が進めば、その資金の金額は変わりないとしても、それだけその価値は何倍にもなる。天然資源は豊かでも、その使用方法を心得ないで、相応の報いを受けていない諸例も少なくない。むしろ他の国が任させられれば、砂漠は庭園に、山々は楽園に、土壌は黄金に、そしてその土地を驚異の地とすることもあるのだ。

自分の立ち位置への配慮

こうして国の発展の尺度を、その自然条件克服という点と、その環境にどう適合しているかという点に集中して考える場合は、大きな間違いはしていないということになる。その土地と大気に裨益《ひえき》しつつ、自然科学に支えられることがなければ、向上は望めない。源泉の最良な活用法は経済学に教えられ、政治、社会、道徳的な諸制度により、各自が与えられた環境に適応して、その利益を考慮するための最善の準備をするということである。

こういった諸点を東洋の人々は考慮しなければいけない。その人は自身の中のどこにいるのか（自らの資格や年齢など）？　自分の国の中で、どこにいるのか？　そして自分の国は、世界のどこにいるのかなどを、考慮することである。

【註】大戦間期（一九一八年―一九三九年）のエジプト社会は、方向性喪失の時代であった。その中で何を基準にすべきなのかは、当然、死活問題であった。日本の終戦直後以上の混迷であったことを想定してみよう。どうやって重病人を再起させるかが課題であった。『溢れる随想』第一巻一七三―一七七頁。アルリサーラ誌、一九三四年五月一四日。

四、文明の虚偽

どの文明にも二つの側面がある。一つは物質的であり、もう一つは精神的なものである。物質的というのは、感覚的なものである。武器、電機、汽船、汽車、飛行機や潜水艦といった最近の発明品、電気製品や種々の機械製品といった贅沢品、さらにはそれらのために駆使されるもので、数学、生物学、化学、医学なども、物質的な側面に挙げられる。これらの諸学の結果は、すべて人の生活の贅沢や恵みとなるが、それが物質的であるからだ。そこでそれらを教育する学校や大学なども、国の物質的な力となる。

精神的というのは、人間の理想を描き、それに到達する尽力であり、個人的や社会政治的な面から人を完全に正そうとする作業である。それは理想に近づくために、考え、感じ、善に努めるようにさせ、広く人を愛することや寛大な善を愛することで人の心を震わせ、こういった目的実現、あるいは少なくともそれに近づくための制度を設けて、また学校、法律、研究所を制定することなどである。総じていえば、それは人間性への愛情により、魂に滋養を与えることである。

近代文明の検証

以上の両側面が備わっていなければ、それは高度な文明とは言えない。そしてそれら両側面は、高度であり均衡がとれている必要がある。そこでこの総論に基づいて、近代文明を見直してみよう。それは正しく、高度で、人間的であるだろうか？　遺憾ながら、それはそうではなさそうだ。

物質的な方では予想以上に成功したと言えるが、精神的な方では予想以上に失敗してきた。見る人、外見、格好の良さ、物的な快楽などに関心のある人たちは、疲れるほどに近代文明に拍手を送り、その素晴らしさを称える声を振り絞ってきた。一方、人の身体ではなくその精神に関心を払い、物質主義ではあってもその物的な面ではなく思想に注目した人たちは、少なからず嫌気がさしているのだ。

そこで物質主義に関して、遠慮なく話そう。航空機は空を飛び、潜水艦は海中を潜り、電気は素晴らしい魔法をもたらした。スイッチを入れれば光る、熱くなる、動くという仕掛けである。欧州とアメリカの間の電話、驚異の無線通信などなど、どうやって数えられるというのか。発明は無数にあり、それへの驚きも終わりを知らない。世界の秘密が守られていたのが、急に近代文明の人々に解き放たれたようなものだ。もう秘密は残されていないので、秘密をすっかり清算したようなものだ。

こういった外見的な現象に、はぐらかされないようにしなければいけない。視力のない人の話である。「館とその凄さに驚かないように、その住人はすでに絶頂期を過ぎている。」つまり場所（マカーン）は見ないで、住人（スッカーン）を見るようにということである。多くの失業者、何百万という悲惨な人たち、スペインの共産主義者とファシストの内戦、国土を焦土化してまで大量殺戮をしようとしている諸国、あれもこれも、すさまじいばかりの惨状である。

これが幸せな館であるならば、その幸せな住人はどこへ行ったのか？　またはここに完璧に装備された船が一隻あるとしよう。では平和な陸はどこにあるのか？　この「結婚」、それではどこに「新郎」はいるのか？

この惨状の原因はすべて精神面ではなく、物質面の横暴にある。近代文明は人を一つのまとまりと見ない。交通手段や世界中の取引などで、世界は狭くなったのにも関わらず、そうなのである。つまり場所的に近くなったが、住人的には遠ざかったのである。地理学は進歩したが、社会学は進歩しなかったということ、あるいは山、谷、砂漠、川、海の発見はあったが、人の心の発見はまだということである。地理的には人間をまとめたが、社会的にはそれを分裂させてしまったのだ。何と奇妙なことか、また何と（物を見る）目は正しいが、（心を洞察する）賢明さには欠けるのだ。

（人間の）文明は質問している。どうやって生きて行くのか？（文明で）生活は改良された。しかし、なぜ生きるのか、ということは問わなかった。あるいは、どうやって生きるべきかと、いうことを。その人生の目的は何か。こういった分野は、全く手付かずである。

科学は確かに、どうやって生きるのかというための手段ではあった。しかしそれ以外の質問に答えるものではない。だからそれ以外に対する、正しい回答にはならない。近代文明は民族主義の思想を発達させた。しかしそれが惨状の原因となり、試練の源となり、その精神主義の喪失となった。

物質文明の横暴

家族、次いでは部族が単位であった。それから町になり、また一つの宗教でまとまったこともある。近代文明には、国家（共同体）がある。以上にすべてにおいて、辛酸《しんさん》の種がある。人類全体を一つの単位と考え、それが目的で、それが理想となる文明が生まれるまでは、世界が幸せになるということはない。

世界の悪弊を考えてみて、その理由が判明すれば、必ずその第一原因に戻るように。そうすることで原因の原因は、他でもなく、共同体は一つなのにそれを人間的なものにしなかったという狭量にあるのだ。武装、過去や将来の戦争、多数の失業者、価格の高騰、政党や国家間の紛争、社会改革の資金不足、これらはすべて狭量の問題に帰着する。その狭量さは国民を圧政する政治家たち、それを裏から支持する財界の連中が共有しているほか、精神面の希望の星であった人たち、つまり宗教家たちも例外ではなく、権力の道具に落ちぶれてしまったのだ。

私が説明したこの文明は、何に対しても暴行をふるった。道徳の基礎も物質的、教育も基本は民族主義、国の金融は戦争目的で手一杯、資本家と政府は人間を機械のための歯車の一つと見なすことなど、政財界であれ学会であれ、物質主義の思想に染まってしまった。精神的、社会的な改革を試みる人たちは、物質主義の国家予算と衝突する羽目を免れなかった。さらには、国際連盟といった国際社会とも衝突することとなった。しかしそれは近代文明の流れを物質的から精神的な方へ転換させようという単純な試みに失敗したので、恥もかき、打撃も受けざるを得なかった。そして周囲の環境が良くなくなったときには、それは身も心も別物になってしまった。そしてうわべだけでも自由を呼びかけていたが、今度は人々全員が真の自由を失ったのだ。だから物質的な経済状況が人々の自由を喪失させたことになるし、また生活苦に悩まされることにもなった。その苦痛を脱出する自由もないままに、またまた文明が生活需要を増大させ、その獲得手段も複雑化していった。こうして人々は圧迫されてきているが、これで何が自由なのか？

人は戦争を文明の危機と見なすが、それはそうではなくて、文明の罪悪の結果なのである。そして戦争は、経済金融事情の悪化という事態の表れなのである。戦争そのものが危機というわけではない。戦争というのは、われわれが見る時計の針のようなものであって、その針はその下にある細かな機械の外見に過ぎないのである。だから針を外しても、時計の動きには少しも変わりなく、失われたのは外見と目印だけである。

近代文明は理性の役割を高めて、その評価は過大なものとなった。それだけが生活の基礎であるとされて、科学が長足の進歩を遂げた。発明された機械などですっかり上機嫌となってしまった。しかしこの仕方で多くの実績も上がったが、一つの事実に突き当たったのであった。それは科学だけが人を幸せにするのではないということである。

私の見るところ、新しい波が起きて来ていて、それは科学の発達以前と比較して、人々は決してより幸せになったのではないということである。そして文明には大きな欠陥があるということに気付いたのである。

精神主義とは

近代文明の欠陥は、精神的欠落である。私は科学の利点を否定しているのではない。それだけでは不十分だということである。文明には特別の意義があると考えている。それは「生活のあらゆる側面で人が果たす進歩であり、あらゆる立場からしても是認されるもの」ということだ。だからその進歩が物質面だけであれば不十分だし、逆に精神面だけでもそういうことになる。

天秤で言えば、物質面の比重が重いのが近代文明なので、もう一方で精神面の増加を図る必要があるのだ。しかしこの要望される精神面とは何なのか？　それは全人類への愛情で心を震わせるということである。そこには植民地国はなく、被植民地国もない。白も黒もないし、何百万人もの労働者を奴隷のように使役する資本家はいない。精神主義とは、支配権者が個人ではなく全員の善に向かって進むことである。

それは地理的、人種的、民族的な境界線を撤去することである。また経済的境界線も同様である。大原則は、「人は人の兄弟のようなもので、その兄弟のために努める。」ということである。そこでは人間性の原則が信仰箇条となり、それを布教して、それを目標として仕事する。そして教育課程も道徳的原則も、それに従うものである。

これを実行すれば近代文明の悪弊の大半である、戦争、失業、労使の紛糾などは除去されるだろう。東洋と西洋の協力も視野に入る。諸宗教間の協力もそうだし、人は思考の視野が拡張されたと実感するし、感性の展望も開けて、地球全体が郷土となり、人類全体が同胞となり、大気中には愛情が満ち溢れ、それを全員が吸収することとなる。

この段階に至るまでは、われわれの文明は、虚偽の塊でしかない。

【註】高らかに謳われた理想論のようだが、それだけになにがしか今日でも耳を傾ける意味がありそうだ。問われるべきは、第二次世界大戦直前の暗雲垂れる世情の中で、どうしてこのように泥池の中の一輪の蓮の花が咲いたのかということであろう。エジプトもようやく実質的な独立を、一九三六年に果たしたばかりであった。強者の驕りではなく、虐げられた弱者の理知の煌《きら》めきと見たい。『溢れる随想』第一巻一三一―一三六頁。アルヒラール誌、一九三七年五月。

五、西洋と東洋の間―精神主義と物質主義

最近、私の同胞ターハ・フサイン博士の貴重な著作である『エジプトにおける文化の将来』(一九三八年出版)を読んだ。その中でフサイン博士は、次のような見解を引用した。「ヨーロッパ文明はあまりに物質的であり、ほとんど精神に連係していない。したがってそれは、ヨーロッパはもとより、世界を害する元凶である。」

それに対するフサイン博士の反論は、以下の通りである。

「確かにヨーロッパ文明は物質面が多々ある。しかしそれだからと言って、精神と心に滋養となる高尚な意味をくみ取らないのであれば、それは全く空疎で馬鹿げた発言である。それはただの物質文明であるとするならば、どうしようもない勘違いである。実はそれは理性的働きの結果なのだから。幻想も働き、豊かで生産的な精神の結果なのだ。生き生きした精神の結果だから、それは理性に連係し、それに滋養を与えて、それを成長させるのである。それを思考させて、生産させて、その生産結果を活用するのである。空疎で伏せがちで、また消滅して、それを腐敗させるような精神の結果ではないのだ。そうであれば、それは益しないし、またそれからは裨益もしない。」

さらに続けて言う。「航空に命を懸ける人たちは、たとえ惨めな死に会ったとしても、物質主義者ではない。かれらは科学の発展と自然に打ち勝つ理性の権威向上のために自己犠牲を払っているのだ。ヨーロッパの物質文明は科学のため及び自然との闘いのために、日々、自己犠牲を払いつつ展開しているのである。」

＊＊＊＊＊＊

私の疑問

この一節に私の目は釘付けとなり、考えが動揺して、次の疑問がわいてきた。ヨーロッパ文明は、本当に物質的であり精神的と言えるのだろうか？　物質的なだけではないのか。東洋が精神面では一歩長じているのではないか。たとえ長じているとしても、それは僅かではないか。滅びの要素が働き、自分の周りをまわっているだけで、何も生産していないのではないか。多分、物質主義と精神主義の用語を定義する必要がある。そしてその定義に従って、今一度東洋と西洋を見直す必要があるのだろう。

多数の文筆家や哲学者たちが、東洋は精神主義の誕生する地であり、西洋は物質主義の土地柄だと言っている。『哲学（及び心理学）辞典』（一九〇一年出版）を著した、ボールドウィン（ジェイムズ・マーク、一九三四年没）は、アレキサンドリアに関する文脈で次のように言っている。「アレキサンドリアで、東洋と西洋が混交したのだ。ローマとギリシアとシリアの見解が、文明と科学と宗教に関して、極東の見解と混交したのだ。そこで新たな課題が生じた。それは西洋の奨励と東洋の直観により、創出する課題である。」ということは、要するに、物質主義、直観、精神主義といった言葉で、意味するのは何かということである。

用語の定義

極めて明らかなことは、もしもわれわれが西洋の物質主義ということで、金や銀、そして紙幣などの金銭だけを念頭に置くのであれば、それはフサイン博士の言う通り誤りである。ヨーロッパ文明は、感情に満ちているのだ。愛情はあるし、それは時にはあまりに強くなって、自殺にまで至るほどだ。英雄や美に対する感情もあり、他方、低俗なことや醜さを嫌がり、貧者への慈悲、生命や資産を賭けての国への犠牲心もある。それらでは、西洋は東洋を上回っているかもしれない。たとえ祖先は物質優先で、その後は精神主義的な面があっても、これは変わりない。こうしてヨーロッパ文明は理性に溢れており、科学はその文明をしきりに前進させており、そこでは東洋をはるかに上回っているのだ。物理学、生物学や化学、あるいは自然科学全体において、西洋は東洋の教授のようになった。この科学は金銭を奴隷化（乱費）することなく、逆に金銭がそれを搾取（利潤追求）していることもあるが、それは別に差し支えない。われわれはヨーロッパで科学のために犠牲を払った理想的な多くの科学者を知っている。その中には金銭から遠ざかり、あるいは実験や理論のためにそれを投じた諸例もある。あるいは自分の実験のために犠牲となった人や、ある考えを証明しようとして犠牲になった諸例もある。これらすべてのどこに、物質主義者がいるというのだろうか。

もしこういったことが物質主義だというのであれば、フサイン博士の言う通り、それは明白な誤りである。しかし相異が直されるような、別の意味合いはないのだろうか？

ここにそのより正しい意義を提示したい。物質主義とはこの世の裏側である精神面を見ないで、物質を基礎としてこの世を解釈するものである。そして生活のすべての方途と文明や文化の現象全体を、物質のみに基づいて建設するものである。

理性と言っても、常に変化し多様化している物質の一形態でしかない。そして人の行動は、いくら細かくても、身体の物質の結果に過ぎない。思想、意思、そして感情など精神作用の全ては、どのような作業、規模、構成であるかは別として、物質的な脳味噌の結果に過ぎないのである。そうすると世界は、「ホジャーの水車小屋」（本書二章七節参照）のようなもので、海から水をくみ上げては、海にそれを返していることになる。存在の全ての現象は、天や地、貧富、賢明と愚鈍などさまざまである。しかしそれら社会的で精神的などのような詳細な事柄も、物質の結果であるということになる。これが物質主義の意味であり、私見だが、それはヨーロッパ文明を支配する見地である。その文明の驚くべき科学的な能力は、物質に向かっており、また驚異的な中でも驚異的なものをもたらした。そこでは物質が崇拝の対象となっているのは、別に変だということでもないのだ。全力でそれに向かっており、日々新たな発見と発明に努力が傾けられている。そこで電気や蒸気や無線などが、数えきれないほどに登場したのであった。

現実と物質

これらの物質的な物事は、物質生活で活用されるのは当然だ。家、映画館、住居、旅行、そして真剣なことや不真面目なこと、そしてあらゆる生活の施設に見られる。いやいや、それどころか近代ヨーロッパの道徳もこういった基礎を持っている。そこで一番重要な徳目は、物質生活が教えるものということになる。それらは、制度、時間厳守、経済、健康維持などである。謙譲や恥辱や自制心などは、一覧表でも最後の方である。しかもそれらの道徳的な価値には、疑念が持たれているのだ。確かにかれらは、現実生活に基本を置いている限り、そう考えるのにも一理はある。

社会生活全体も物質生活に傾斜している。他人に迷惑をかけない限り、快楽に浸るのは当たり前である。取引全体の構築は、精神を欠いたままの経済活動に基礎を置いている。それどころか、慈善行為、寄付行為、病院や避難所建設への参画でさえも、それらの基礎は現実生活の改善目当てなのである。絶望感を除去して、幸福と享楽を人々に送り届けること、そういった現実生活が目途《もくと》にある。

＊＊＊＊＊＊

精神主義について

精神主義に関して言えば、物質だけで世界に生起していることを説明することはできないのである。それは、非物質的なものの存在を語ることでしか説明できないのだ。この物質の裏側の精神的なものについてである。思想や理性の現象は、決して物質的な脳味噌の働きの結果ではない。本当に脳味噌は思考の器具ではあるが、個性や意思の自由を感じる人間の思索が、感触もなく感覚もない物質の結果であるというのは、不可能である。その物質がどれほど高度に発達していても、またどれほど立派なシステムであっても、変わりないのである。

人の行為、存在するものの現象、賢明さと馬鹿々々しさ、慣れたことや不慣れなことが起こること、貧富、運命で定められた生死などなど、説明が物質面とその動向に限られるならば、それは決して説得的にはならないのである。そこには精神的なものが不可欠となる。

精神、アッラー、あの世のことなど、精神世界を物質世界の他に信仰することは、精神主義の一番明瞭な特性になっている。この種の見解が東洋では支配的なのである。原因が説明されない直観であるとか、同様に説明されない論理を信じるということである。一方、物質的な流儀では、因果関係や理由と結論、そし前提条件と帰結の関係を信じるのである。

東洋の人は、一般的には勘定に精神世界と物質世界の両面を算入することが多い。善悪を

通じて運命を信じ、死後もその以前も計算に入れるのである。もし幸福を求めるならば、そ
れは信仰の側面と自己改革の側面について、外部条件の改革よりもたくさん要望するのである。取引するにも物的な経済的基礎ではなく、そこにはアッラーなどの関係する大きな側面があるという理解に従って、それを構築するのである。慈善行為をするときには、詳細な計算はしないで、自問するのは、物質世界での収穫は何かではなくて、主と自分を喜ばせたかもしれないという思いが喜ばしいのである。道徳的な判断でも現実世界でのそれに限らず、現世と来世の結果を同時に勘案する。それだから、原則は、「カイサル（シーザー）のものはカイサルに、アッラーのものはアッラーに」（返す）ということ、すなわち、どんな行為にも、カイサルのものもあれば、アッラーのものもあるということである。

人によっては精神主義に圧倒されてしまって、その結果として、神秘主義者や崇拝にひきこもり、隠遁生活をする人たちがいる。また隔離礼拝所（ハーン）の制度もできた。これが広く流布していて、またそれが発生したのも、東洋であった。こういう傾向が支配的であることが、東洋を宗教の発生地にしたのであろう。イスラーム、キリスト教、ユダヤ教という三大宗教はすべて東洋発である。そこから西洋に移植されたのであった。

＊＊＊＊＊＊

西洋の物質主義を顧みて

私は西洋に精神主義が、そして東洋に物質主義が全くないと言っているのではない。精神の純粋さや確信の力や精神の天秤で行為を評価することなど、西洋でも東洋の精神主義者を上回る人もいる。同様に、物の評価に没頭し、行為の評価はその物的な評価に終始し、東洋にも西洋の物質主義を上回る人もいる。しかしこの種の判断は、大半の多数を取るのであり、少数の珍しい方を取るものではない。また私は、西洋に宗教がないとは言わないし、実際それは多数あり、細かな制度もある。豪華な教会であるとか、偉大な寺院であるとか。しかし私の見るところ、西洋の宗教の見方は、一般的には、東洋のそれとは異なっている。この違いの主因は、二つある。一つは、西洋では宗教を社会制度として見がちであること、もう一つは西洋では東洋ほどには宗教は何事にも介入するわけではないということである

＊＊＊＊＊＊

結論

以上が、私が見るところの、物質主義と精神主義である。説明した意味での物質主義は、

西洋で見られる豊かな科学、溢れんばかりの感情、多くの犠牲といったものと合致しているのである。しかしそのことは、物質主義が西洋を染めてしまったということを否定するわけではなく、それは説明した意味での東洋の精神主義とは異なっているのである。

西洋は東洋を襲撃するのに、刀や大砲や飛行機でするのみならず、それを文明や生命の見方でも実施したのであった。当然ながら、東洋の軍備は西洋のそれに壊滅的打撃を被ったので、人生観も西洋の方が優れていると思ったのであろう。文明も例外ではない。そこでそれに服従することに決めたのだ。そして西洋の命じるままに進んで行き、胸襟を開き従順になった。そして伝授されてきた東洋の精神主義を、西洋の物質主義に売却してしまったのであった。ただしその取引は、まだ完了していないが。

さてこの西洋の物質文明だけが世界を支配し、唯一の文明となる方が良いのか、もしくは東洋の精神文明も保持されて、その上に新文明を構築して、世界に二色ある方が良いのかどうか。西洋式の物質色と東洋式の精神色の双方が存続する方が良いのかどうか。そしてその後は、心と体が協力するように、二つの文明が協力する方が良いのかどうか、こういったことはまた機会を改めて論じるテーマである。

【註】新エジプトへの模索の集大成のような内容と言えよう。簡単に言えば、アラブ・イスラーム

式の和魂洋才論なので、日本には親しめるものであろう。精神主義と物質主義は当時大きな争点であったが、論争の全容については、拙論「大戦間の東洋主義について」（本書巻末の参考文献に記載の『イスラーム現代思想の継承と発展』、一四一―一四四頁）を参照願いたい。『溢れる随想』第二巻五二―五六頁。アルサカーファ誌、一九三九年一月一〇日。

六、東洋の病は、伝統である

西洋の進歩と東洋の遅れの最大の原因は、生活構築の基礎として、前者は科学を、後者は伝統や相続したものを適宜活用していることである。この両者の違いは、生活のあらゆる側面に出てきていると見られる。生活の柱である農業を見ると、最初期の祖先伝来の伝統が引き継がれている。古代エジプトやバビロニアやアッシリアの時代の農業器具が使用され、また農耕の方式もそうである。近代的なものは使用されず、使用されていても非常に限られた人たちによるだけだ。科学はこの状況を一変させて、古い方式よりは、何倍も多くの収穫を望めるようになった。もし近代的な手段に拠っていたならば、東洋も外国からの輸入を必要としないで、国内需要を満たし、その後は輸出さえも考えられるようになっていただろう。

近代科学は不毛の土地を開墾してくれる。それも短時間で、かつ負担も少なくて済む。農業生産の倍増も可能になる。東洋では知られていなかった品種の導入もあるだろう。こうして国の経済的・社会的な生活は、一変するのだ。というのは、この科学によって貧困を一掃し、人々は必要な食料を容易に入手することだろう。貧困は無知と病の根本にある。だから貧困が一掃されれば、無知と病もなくなる。

牧畜業も農業と関係しつつ、注目される。毎年、何千頭も無駄にされているが、これも科学が餌や防疫に駆使されるならば、よほど死なずに済んでいるのだ。また体も強くなり、肉や乳やその他の生産物からわれわれは数倍も多くの益をこうむることとなる。ところが古い手法を使用している限り、それもできないでいる。実際、科学の力で砂漠を豊穣な楽園にすることもできる。またそれは、川から海へ注ぎ込む水を無駄にしないで、土壌の中で種子や苗を生育させて、幾重もの楽園を造作することもできるのだ。

＊＊＊＊＊＊

農業で言ったことは、そのまま工業でも言える。東洋の段階は、工業の最初期のものでしかない。それは近代科学とは縁遠く、資源の宝庫なのにそれを駆使するのにも、科学力が必要である。砂漠の鉱石であるとか、落水利用の発電などである。また科学力があれば、どれほどの生産と利用が見込まれる原材料があることか。そのためには、資本も必要だ。そして資本が今度は細かい科学を必要とする。金融取引も現状はまだ幼稚なものしかない。東洋には、資金調達、配分、活用、監督など、まだしっかりしていない部門が多い。経済学もそうだ。資本家たちは、資金は不動産売買の原資としか考えていない。証券取引には関心がない。企業投資すれば、それは資源開発や産業発展につながるがいったことは、一向に見られないのだ。

＊＊＊＊＊＊

物質面からそれ以外の抽象的な側面も見てみよう。そうすると問題も解決策も、文字通りその本質に突き当たることとなる。われわれは気の向くままに進んでは、つまずいているようなものである。真剣に進めるには、科学が欠如しているのだ。

保健面では、科学の導入が不十分で、われわれは予防も治療もはるかに遅れがちだ。活発な諸国では医学が権威を持ち、組織化されて多数の疫病などから防護してきた。東洋ではそれがまだまだ受け入れられず、村の医療や伝統的な医薬に頼っている。

次いで政治社会事情を見てみよう。驚くことばかりである。改革の呼びかけ自体も感情や感性任せであり、科学からは縁遠いのだ。住宅、農業用水の供給、文盲追放、裸足を止めることなどなど。詳細な検討はしないで、感情任せの議論が横行している。深い検討をすれば、適切な薬をあてがい、統計に従い、治療を施すこととなる。また所要の資金も工面し、実施の手立ても整え、さまざまな困難を克服し、改革を受け入れる世論を醸成することも含まれる。これらすべてが社会的な病とその治療のために求められる科学的な検討なのだ。希望的な発想や感情的な計画では、現実の笑いものになるだけであり、それでは何も満足させるものはない。そこで幻想に基いたり、科学に依拠しないあらゆる改革は、失敗の憂き目にあってきた。政治も同様である。西洋では政治も原理、法律など歴史と経験による一つの科学である。昨今の動きを見れば、われわれの政治家たちは全く政治学の準備がないのだ。科学と研究としっかりした計画に依拠する政治的な見解と、願望に頼っている即興の意見とを比べてみよう。後者は、検討、分析、探求とは縁遠く、結局のところそれは敗北に終わっている。

内政も外政も同じ轍《てつ》を踏んでいる。両者共が科学であり、技術であり、それに熟達しなければ、失敗は免れず、恒常的な混迷が待っている。

＊＊＊＊＊＊

こうして科学が全面的に活用されているのが、西洋である。農業、商業、工業、経済、政治、教育など、すべてである。西洋の文明に納得するならば、その計画に従わざるを得ず、われわれの生活は科学に基づくようにしなければいけない。

＊＊＊＊＊＊

東洋が必要としているのは、個人であれ社会であれ、科学精神が広まることである。そうすれば国のあらゆる部署において、深刻な変革が生じるであろう。母親は子弟を教育するのに科学を用い、農業、金融、政治、社会事業など多方面の影響が見込まれる。そこには戯言《ざれごと》や幻想や旧弊や古い伝統の出番はない。議会での混乱もなくなり、そこでの無益な長広舌も終わりだ。結論も得られない演説などは、科学精神の欠如以外何物でもない。その精神の最大のメリットは、論理に従い、相互理解への準備があるということだ。この科学精神が流布するためには、研究手法が科学的となることが必要である。それぞれにおいて、生物学や化学などを身に着けるということ。そして農業、工業、商業の学校に科学を導入する必要がある。国民の間では、科学的な民衆文化が広まり、その目で確かめるために彼らの目前で実験も行われ、それに信頼を置くことである。そうして行けば、絵空事のような信条ではなく、科学的信条が代わりに登場するだろう。そして産業、農業、職業訓練などに従事する人たち全員が頼りにできる、一大研究機関が登場することであろう。そこでは人々はさまざまに指導を仰ぎ、また逆にその機関は彼らに助言を授けることであろう。いずれにしても東洋の諸国には、こういった基礎の上に文明を構築しなければ、希望はないのである。

【註】本節では精神主義とは一変して、科学重視一辺倒になっている。ただし論理重視の科学精神が最後に出てくる。改革の呼び声を高くしても反応の鈍重な現実に対して、嘆きと焦りの声が聞こえてくるようである。こういう不満のエネルギーが、やがてナセル（エジプトの軍人・政治家。一九一八年―一九七〇年）らの若手将校を突き動かすこととなる。なお本節は、一八九二年、アラブ世界初の月間雑誌として創刊された『アルヒラール誌』に掲載されたことも、論調に影響したのであろう。『溢れる随想』第八巻二六―二九頁。アルヒラール誌、一九四九年六月。

七、植民地主義

植民地には、いろいろの種類や形態がある。しかし大半は、政治的経済に依拠している。

それは植民地側の人々をできるだけ益しようということを目指すので、したがってそれは政治が経済に奉仕していることになる。

三大目的

多くの場合、植民地の目的は、三つある。

第一には、被植民地国において資財を活用することである。自国で三〇%使用しているとすれば、経済関係諸法に則って被植民地国では四〇%を活用するのである。第二には、綿花や鉄や穀物など植民地国において希少である場合、被植民地国の原産品を搾取することである。第三には、植民地国の産品を被植民地国においてさばくことである。それは原材料使用の産業や、その流通である。

これが植民地国の見る最大の目的である。植民地主義は元来人に好まれるものではない。それは植民地側から見れば疲れる作業だし、被植民地国からすれば当然嫌悪の対象である。

そして政治の出番であるが、それは諸要求実現のための道のりを整備する。そして派遣される軍隊は、被植民地国において発生する動乱に対処するためである。あるいは第三国が同じ国を植民地化しないように守るためである。

様々な手段

これらの諸目的実現のためには、植民地国はさまざまな手段に訴える。まず被植民地国の士気を衰えさせて、理解の機会を減らして、独立への気力を減退させる。そのためには相手国の中で政党間の分裂を進めて、その抗争の激化を図ることである。それからアルコール飲料を多量に提供して道徳観念を腐敗させ、植民地国に奉仕する美女たちでかれら（被植民地国民）を誘惑するのである。また（被植民地国）言語の弱体化と自国言語の強化もある。一般に植民地国の言葉に、人々はなびくものだからである。またモデル校を作る。住民はそこの教科過程の方が自分のよりもいいと思って、やがてそれを受け入れるようにするのである。また信頼できる人を選んで、良いポストにも就けて利益に資するようにし、民族主義的な指導者や住民の抵抗に対処しつつ、そういった連中の没落を画策して、裏切り者のレッテルを張ることである。農業を強化して人々をそれに従事させることで、工業部門での植民地国との競争を避けること、そしてその国は農業国であり工業国ではないと思わせるのである。国産品には多額の税を課して、価格の高騰により植民地国の産品輸出増を狙う。

その中で一番の敵は、イスラームとムスリムである。ユダヤ教徒や偶像崇拝者ではない。というのは、ムスリムたちは、その土地は自分のものだとイスラームが呼びかけているものと信じているからだ。そしてできる限りの抵抗を義務付けているからだ。そこでイスラーム圏内では、どの国であれ過剰なことはしないのが一番である。フランス人が言ったそうだが、アラビア語はクルアーンの言葉なので、戦わなければいけない、なぜならば、クルアーンは独立のためにジハードを呼びかけているからである。

対処の仕方

確かに植民地主義は、搾取ばかりではないかもしれない。それは戦争への交通路確保であるかもしれない。その実例はイギリスのジブラルタル海峡の占領である。物的な利益は少ないとしても、前述のような植民地のもたらす多大な利益の前では、問題にならない。

そこでいろいろの病に対しては、それぞれの薬で対処することとなる。外国人資本家の採用問題に対しては、自国民の採用を進めることや、外国企業内で自国民の一定比率の採用を義務付けること、自国産品奨励の努力、あるいは外国製材料の抑制などである。

外国企業の巧みな手段としては、法律逃れや市民の名義貸しや義務回避などがある。また有力者の力を悪用したりもする。

国産原材料の使用推進に関しては、それが外国人の手に渉らないようにする一方で、国産原材料を使用する工場の拡張も考えられる。また外国産品に対して流通抑制のためには、関税の引き上げや増税がある。そうして国内産品の価格を外国産品よりも低く抑えるということである。そうすれば消費も国産品に傾斜するであろうし、その改良にも結び付くであろう。その結果、外国産品に比べて見劣りしないものとなるかも知れない。同時に植民地主義に対抗するには、道路の照明を壊したり、汽車を壊したり、学校のストライキなどは、馬鹿げた抵抗だということが分かる。ただそれらは、植民地主義への憎悪や興奮した感情を表現するだけのことである。これらは対処とはいっても、一向に薬にはならないのである。

正しい治療のためには、植民地主義の手法に関して、広い理解が求められる。また自分の立場を正しく把握するために、民族的な意識を強く覚醒することも必要である。それから敵とどう対抗するかを知るためにも、それは必要である。植民する者は、その目的が実現しそうにないと悟るや否や、そして植民することにもはや益はないと思うと、直ちに平和裏に撤退するものである。これこそガンディー（一八六九年―一九四八年。インド独立・建国の父）らが採った方策であり、その結果としては、英軍のインド撤退に至ったのであった。自らを変えない限り、アッラーはなされることを変更することはないのである（これはクルアーン一三：一一の「真にアッラーは、人が自ら変えない限り、決して人びとの状況を変えることはありません。」）

以上が（私の）天分の見方による、植民地主義に関する見方である。政治経済の専門家たちは、それより何がより詳しくて、より（範囲が）広いかについて、（知識や理解が）なければいけない。

【註】アミーンの独白のような本節が執筆されて一年後の一九五二年七月、ナセルら若手指導者の自由将校団による軍事革命が敢行された。エジプト各地で対英抵抗運動が展開され、破壊活動も盛んであった中、ガンディーの無抵抗主義はアラブ世界でも大きなインパクトを与えた。パレスチナの対イスラエル活動でも、ガンディーの名前は影を落としていた。さらに言えば、二〇一一年以来の「アラブの春」の非暴力運動の中でも、かれは話題に上る存在であった。中東という世界は、日本と相当世界観が異なる面がある。『溢れる随想』第九巻二六九―二七一頁。アルサカーファ誌、一九五一年五月七日。

『東洋と西洋』

おわりに

二〇世紀前半という時代は、日本でも日露戦争から太平洋戦争終結までなので、それがいかに揺れ動く混迷の時代であったかは、本書掲載の年表を見るまでもなくほとんど自明であろう。さらにエジプトの場合は、英国の植民地支配に始まり、次いでそれからの名実共の独立、さらには国王制から共和制への体制変換を成し遂げた疾風怒涛の五〇年間であった。

そしてこの変革の時代は、伝統的なイスラーム文化から西欧の近代文明に対峙《たいじ》せざるを得ないという、新時代の幕開けに対する希望を持ちつつも、かなり屈辱的な時期でもあった。輝かしかったはずのイスラーム文明は、どうしてこのように西欧列強の軍靴に踏みにじられなければならなくなったのか。その原因究明の課題と問題意識は、人生、宗教、言語・文学改革など、あらゆる分野にまたがるものとならざるを得なかった。なかんずくイスラームの信仰はどうあるべきかという苦悩と、さまざまな内外の要因による光と影の有為変転という歴史の歪みは、さらに二〇世紀後半へと流れ込んでいったのであった。

人間の文化の多くは豊穣の中からではなく、精神的・物質的にぎりぎりに追い詰められた状況の中から生み出されてきた。そのような悶えと、やるせなさ、そして逆に噴き上げる憧憬の火の玉のような存在となってしたためられたのが、本書に訳出した一連の論考と随筆である。

著者のアフマド・アミーンは、カイロ大学文学部教授から同学部長となり、後にはアラブ連盟文化局長を務めて、広くアラブ古文書の保存、アラブ諸国の教科統一やアラビア語の刷新などにも尽力した。多くの著作と講演などを通じても時代を風靡する知識人として、晩年にはファード一世国王賞という日本の文化勲章に匹敵するものを授与された。他方、性格的には恥ずかしがりで、謙虚で、清貧をもって信条とした半面、名誉心も盛んなものがあった。ただし訳者の見るところ、その名誉心の向かう方向は決して社会的に位階を極めるという権力志向ではなく、誠実な知識人として与えられる公正な評価に対する自負心と誇りであった。またそのような性格も相まって思想的には常に中庸《ちゅうよう》をもって知られ、原理主義的な思想家とはくみすることなく、いつも啓蒙と覚醒への灯とならんという姿勢を貫いた。他方、ムスリム同胞団の創始者であったハサン・アルバンナは、アミーンの著作をすべて読んでいたとされる。

なお訳者はちょうど三〇年前に、この著者の自伝の日本語訳『アフマド・アミーン自伝』

（一九九〇年）を出版して、かれの生い立ちや種々の業績については詳しく解説したので、その方面については同訳書に譲る。またかれの伝統墨守でない自由主義的な思想内容に関しては、別途『イスラーム現代思想の継承と発展』（二〇一一年）と題して、アフマド・アミーンの父子二代にわたる思想の系譜を探訪する内容も公刊していることを紹介しておきたい。さらに遡れば、後者の出発点は著者の英文の学位請求論文であったが、同論文はロンドンで出版されることとなり（参考文献　Mizutani, *Liberalism in 20th Century Egyptian Thought*, 2014）、次はその英文をカイロの出版社がアラビア語に翻訳して出版するに至った（参考文献　Mizutani, *Al-Libraliyya*, 2016）。そして以上の行程を振り返ると、なんなんと三〇年の時間が流れていたという次第である。

最後に付言したいのは、本書はすでに訳出したイラクの思想家イブン・アルジャウズィーによる『黄金期イスラームの徒然草』（国書刊行会、二〇一九年）と内容的にも八世紀間の時空の隔たりを感じさせない、驚くほどの共通点に満ちているということである。人は自らを知らず、それは存在の第一原因に委ねられること、信仰はそのことを確信として堅持すること、文明は信仰を惑わす虚飾に満ちていることなどがある。こうして堅固な現実認識を基礎とするイスラーム世界の通時的理解へと誘われるのである。

このような基礎工事と経緯を踏まえつつ、またある意味で振出しに戻りつつ、今般本書を出せる顛末となった幸運については、やはり人力を超えた天からの賜物と感じざるを得ない。

そしてそれに対しては、感謝の念しかない。

『イスラーム現代思想の継承と発展』

『アフマド・アミーン自伝』

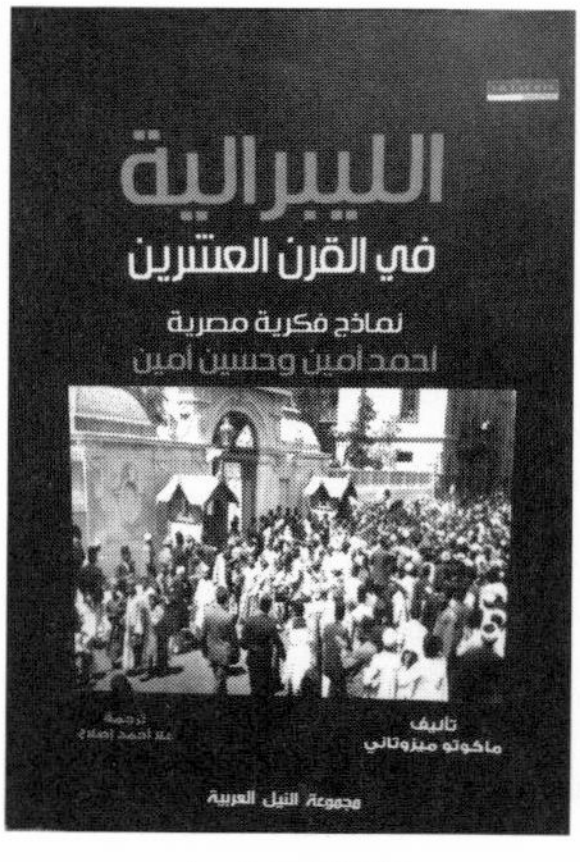

カイロ出版

ロンドン出版

参考文献

アラビア語

Aalam al-Adab al-Muasir fi Misr, vol.4, *Ahmad Amin*, ed. by Hamdi al-Sukut and Marsedn Jones, Cairo and Beirtu, 1981.　アミーンに関する総合的参考文献目録。

Amin, Husayn, *Fi Bait Ahmad Amin*, Cairo, Maktaba al-Madburi, 1985.

Al-Bayyumi, Muhanmmad Rajab, *Ahmad Amin: Muarrikh al-Fikr al-Islamai*, Beirut, 2001.

Al-Imam Umar, *Ahmad Amin wa al-Fikr al-Islahi al-Arabi al-Hadith fi <Fayd al-Khatir>*, Tunis, 2001.

Ministry of Culture of Egypt, *Ahmad Amin, Arbaun Amman ala al-Rahil*. ed. by Yusuf Zaydan, Cairo, 1994.

Mizutani, Makoto, *Al-Libraliyya fi al-Qarn al-Ishriin: Namadhij Fikriyya Misriyya*, *Ahmad Amin wa Husayn Amin*, tr. by Abd Ahmad Islah, Cairo, Majmua al-Nil al-Araabiyya, 2016.

欧米語

Amin, Ahmad, *My Life*, tr. by Issa J. Boullata, Leiden, Brill, 1978.

do, *Orient and Occident: An Egyptian quest for national identity*, tr. by Wolfgang Behn, Berlin, Adiyok, 1984.

Mazyad, A.M.H., *Ahmad Amin, Advocate of Social and Literary Reform in Egypt*, Leiden, Brill, 1963,

Mizutani, Makoto, *An Intellectual Struggle of a Modern Muslim: Ahmad Amin*, Ministry of Culture of Egypt, Cairo, 2007.

do., *Liberalism in 20th Century Egyptian Thought, The Ideologies of Ahmad Amin and Husayn Amin*, London, I.B.Tauris, 2014.

Shepard, William, *The Faith of a Modern Muslim Intellectual, The Religious Aspects and Implication of the Writings of Ahmad Amin*, New Delhi, Indian Institute of Islamic Studies & Vikas Publishing House, 1982.

邦語

アミーン、アフマド『アフマド・アミーン自伝』水谷周訳、第三書館、一九九〇年。

水谷周『イスラーム現代思想の継承と発展―エジプトの自由主義』国書刊行会、『イスラーム信仰叢書』第九巻、二〇一一年。

本書の出版には、一般社団法人日本宗教信仰復興会議の助成を得た。

主要事項年表

1789年	ナポレオンのエジプト侵入
1805年	ムハンマド・アリー王朝の成立
1856年	カイロ—アレキサンドリア間鉄道完成
1869年	スエズ運河開通
1876年	エジプト財政破産、英仏二元管理へ
1881年	オラービー大佐の対英軍反乱
1882年	イギリスのエジプト軍事占領
1886年	**アフマド・アミーン生まれる**
1906年	ディンシャワイ村の対英軍抵抗事件
1914年７月	第１次世界大戦始まる、12月　エジプトはイギリスの保護下へ
1919年１月	パリ講和会議開催、19年革命の全国的広がり
1922年２月	イギリスのエジプトに対する独立宣言
1923年４月	エジプト憲法発布
1928年３月	ムスリム同胞団結成（イスマーイーリーヤ市）
1936年４月	パレスチナ反乱（～39年）、６月　英・エジプト条約締結（20年間有効）
1938年	**アフマド・アミーン著『溢れる随想』出版、全10巻（～56年）**
同　年	ターハ・フサイン著『エジプトにおける文化の将来』出版
1939年１月	第２次世界大戦始まる（ドイツのポーランド侵攻）
1945年２月	エジプト、連合国側で第２次世界大戦に参戦、３月　アラブ連盟成立、６月　国際連合成立
1948年３月	イスラエル独立、第１次中東戦争
1949年２月	ムスリム同胞団指導者ハサン・アルバンナ暗殺される エジプト南部駐屯の若手将校中心に自由将校団結成
1952年７月	ナセルら自由将校団の軍事革命
1954年５月	**アフマド・アミーン死去**
10月	ナセル大統領就任、ムスリム同胞団禁止
1955年４月	アフマド・アミーン『東洋と西洋』出版
1956年１月	エジプト新憲法制定、７月　スエズ運河国有化、10月　英仏軍スエズ侵攻（第２次中東戦争）
1958年２月	エジプト・シリアのアラブ連合成立（～61年）

人名・事項索引

人名・事項索引

原著者　アフマド・アミーン

1886～1954年。イスラームの歴史家、思想家。エジプトのカイロに生まれる。アズハル大学、イスラム法学院で学び、カイロ大学教授、王立アラビア語アカデミー会員を務めた。雑誌『リサーラ』『サカーファ』を中心に文芸評論を執筆。多数の著作を残す。代表作に『エジプト慣習・伝統・表現辞典』『イスラムの夜明け』など。

編訳者　水谷 周（ミズタニ マコト）

京都大学文学部卒、博士号取得（イスラーム思想史、ユタ大学）、（社）日本宗教信仰復興会議代表理事、日本ムスリム協会理事、現代イスラーム研究センター理事、日本アラビア語教育学会理事、国際宗教研究所顧問など。日本における宗教的覚醒とイスラームの深みと広さの啓発に努める。『イスラーム信仰叢書』全10巻、総編集・著作、国書刊行会、2010～12年、『イスラーム信仰概論』明石書店、2016年、『イスラームの善と悪』平凡社新書、2012年、『イスラーム信仰とその基礎概念』晃洋書房、2015年、『イスラームの精神生活』日本サウディアラビア協会、2013年、『イスラーム信仰とアッラー』知泉書館、2010年、『クルアーン—やさしい和訳』監訳著、訳補完杉本恭一郎、国書刊行会、2019年、『黄金期イスラームの徒然草』国書刊行会、2019年など。

現代イスラームの徒然草

2020年11月20日　第1版第1刷発行

原著者　アフマド・アミーン
編訳者　水谷　周
発行者　佐藤今朝夫

〒174-0056 東京都板橋区志村1-13-15
発行所　株式会社　国書刊行会
TEL.03(5970)7421(代表)　FAX.03(5970)7427
https://www.kokusho.co.jp

装丁：真志田桐子
ISBN978-4-336-07078-4
印刷・株式会社エーヴィスシステムズ／製本・株式会社ブックアート
定価はカバーに表示されています。
落丁本・乱丁本はお取替いたします。